U0826238

妈妈如何说男孩才肯听

Mama Ruhe Shuo Nanhai Caikenting

妈妈如何教男孩最优秀

Mama Ruhe Jiao Nanhai Zuiyouxiu

实战版

宁 馨 编著

北京理工大学出版社
BEIJING INSTITUTE OF TECHNOLOGY PRESS

版权专有　侵权必究

图书在版编目（CIP）数据

妈妈如何说，男孩才肯听；妈妈如何教，男孩最优秀：实战版/宁馨编著．—北京：北京理工大学出版社，2015.1（2017.7重印）

ISBN 978-7-5640-9883-4

Ⅰ.①妈… Ⅱ.①宁… Ⅲ.①男性—家庭教育 Ⅳ.①G78

中国版本图书馆CIP数据核字（2014）第241529号

出版发行／北京理工大学出版社有限责任公司
社　　址／北京市海淀区中关村南大街5号
邮　　编／100081
电　　话／（010）68914775（总编室）
　　　　　82562903（教材售后服务热线）
　　　　　68948351（其他图书服务热线）
网　　址／http://www.bitpress.com.cn
经　　销／全国各地新华书店
印　　刷／保定市中画美凯印刷有限公司
开　　本／710毫米×1000毫米　1/16
印　　张／20
字　　数／222千字
版　　次／2015年1月第1版　2017年7月第11次印刷
定　　价／29.80元

责任编辑/王俊洁
文案编辑/王俊洁
责任校对/周瑞红
责任印制/马振武

图书出现印装质量问题，请拨打售后服务热线，本社负责调换

序　言

妈妈会说会教，培养出最棒的男子汉

父母的教育，不管到了什么时候，都不会过时。而学校教育进行得再好，如果没有家庭教育的支持，一切也都是枉然。

在家庭中，妈妈是教育的实施者，所谓教育，其实就是说和教。妈妈不仅要说要教，还要会说会教，这样才能教出优秀的好男孩。

“姑姑，你到外面看着我。”我有事回老家，看到了好久不见的小侄子豪豪。和我熟络以后，豪豪突然对我说了这么一句话。

“哦？什么意思？看着你？”我十分不解。

豪豪却不管这些，一手拿着塑料小凳子，一手拉着我走到门外。把小凳子放在地上，示意我坐下后，他指着不远处空地上的一堆土说：“我要去玩，你看着我。”

后来，我和弟妹说了这件事。弟妹告诉我：“最近，隔壁小区出现了人贩子，我把这件事告诉了豪豪，并告诉他，如果出去玩，一定要让大人看着。”

“哦，豪豪真是听话。”我笑了。

很多妈妈都有这样的体会，男孩小的时候，真的是非常听话，妈妈让他怎么做，他就怎么做，甚至因为不懂变通而闹出很多笑话。

可是随着年龄的增长，男孩似乎也发生了很大的变化。那个言听计从的男孩不见了，取而代之的是脾气暴躁、不愿受到一点束缚的小男子汉。

妈妈说向东，男孩非要向西；妈妈努力管教，结果却发现越管越糟。真的是男孩不听话、难管教吗？不是，是因为妈妈不会说话，不懂教育的方法。

向东从小就开始学钢琴，虽然今年要小升初了，妈妈却没有剥夺他弹钢琴的权利，依旧鼓励他在自己的兴趣爱好上花时间。

可是这段时间，妈妈却发现，向东练琴时总是心不在焉，弹着弹着，自己都不知道弹到哪里了。妈妈告诉他："弹琴要专心，三心二意是不能成大事的。"尽管说也说了，劝也劝了，情况却没有丝毫改变。

后来，妈妈对向东说："你要是不想练琴，就别练了，找点你自己喜欢的事情做，等你想练的时候再练。"

这时，向东才告诉妈妈，最近老师经常搞突击测试，他总是担心自己考不好，所以影响了弹琴的状态。

妈妈这才发现，如果不是自己说了一些体贴的话，儿子可能会一直这样下去，甚至可能会仇视弹琴。

妈妈的嘴是非常重要的。为什么这么说呢？因为妈妈如何说，决定了男孩肯不肯听。而男孩是否愿意接受教育，也决定了他以后人生的成败。

想做个好妈妈，就必须掌握说和教的艺术。

李艾再婚了，对方带着一个名叫涛涛的10岁男孩。当时，李艾问我："我该怎么教育这个叛逆期的小男孩呢？"

我送了她几本与孩子交流和教育男孩的书，并告诉她："有疑问的话，你就和我说，我们再一起讨论讨论。"

李艾真是一个努力的母亲。在看完我送她的书后，又买了很多教子类图书来看。同时，李艾与涛涛之间的冲突也一点点爆发出来，李艾为此经常给我打电话。

一段时间后，李艾突然消停了。我感觉有些奇怪，就打电话给她。接电话的却是那个让人头疼的涛涛。

“阿姨，我妈妈正在厨房做菜，她让我告诉您，一会儿给您回过去……”挂断电话，我有些诧异，李艾终于从“那个女人”变成“妈妈”了。

不能不说，李艾的辛苦终于获得了回报。涛涛从最初她说什么都不听，到现在愿意接受她的教育，是涛涛变了吗？不是，是因为李艾学会了说和教。

说和教是联系在一起的，只会说不会教，无法让男孩知道具体怎么行动；而只会教不会说，也无法让男孩信服地按照妈妈教的做。

很多妈妈以为忠言逆耳，以为男孩不管就会学坏，结果说出的话男孩不愿意听，管教的方法男孩不认同，妈妈只能唉声叹气，或是使用其他极端手段。

现在，忠言逆耳早已过时了，忠言顺耳才是大势。而教育方法如果不正确，还不如不教，至少男孩可以自由成长。

妈妈要怎么说，男孩才愿意听呢？妈妈要怎么教，才能培养出优秀的男孩呢？答案就在这本《妈妈如何说，男孩才肯听；妈妈如何教，男孩最优秀》中。

这是一本融合了爱、沟通和教育技巧的书，使妈妈无论在什么情境中，都可以用愉快的话语、有效的教育手段让男孩信服。

这是一本有神奇效果的书，能让妈妈说出神奇的话，这种话男孩愿意听；能让妈妈学会神奇的教育方式，这种方式男孩能接受。

现在就开始阅读这本书吧，开始塑造你的优秀男孩吧。

目　录

第一章

男孩都是泥巴，会泥塑的妈妈会让男孩更优秀

第二章

先了解你的男孩，才能有针对性地说和教

第三章
环境很重要，说得好听不如创造好的沟通环境

第四章
妈妈说得有技巧，男孩才愿意按照妈妈说的做

第五章
妈妈怎么培养男孩的人品，决定他的人格魅力

第六章
学习能力是男孩获得成功人生的最大资本

第七章

生活离不开钱和交际，教男孩处理好与这两者的关系

第八章

在说和教男孩的时候，妈妈要注意避免犯错误

第一章
男孩都是泥巴，
会泥塑的妈妈会让男孩更优秀

有问题的环境，很难历练出杰出的男孩

瑞典教育家爱伦·凯指出：环境对一个人的成长起着非常重要的作用，良好的环境是孩子形成正确思想和优秀人格的基础。

“孟母三迁”的故事，历来被人们推崇为教子经典，对现代家庭教育仍具有非同寻常的借鉴和反思意义。

孟母为孟子创造适合他成长的环境。新环境潜在的力量引导了孟子的情趣，提高了孟子的兴趣层次，为孟子以后的成长和发展奠定了思想和心理基础。

由此看来，成长环境对孩子的影响非常大，妈妈应该做的不是整天对男孩指手画脚，而是把更多的精力用到为男孩的健康成长创造良好的环境上。

李赫然是个很聪明也很努力的孩子，但是他却很不善于与人交往，性格也很内向，学习成绩更是一般。

李赫然的妈妈很疼爱他，对他的吃穿和学习都非常关心。但是，每当妈妈教育李赫然时，却总是忽视他的想法和行为，甚至对他动辄打骂。

妈妈平时也经常和爸爸争吵，相互之间不尊重、不理解对方。尤其当两人对某件事情有不同的看法时，都没耐心听取对方的意见，因此，家里常常战争、争吵不断。

李赫然从小就在这种不民主、充满争吵和暴力的家庭环境下成长，受到了极坏的影响，对学习和生活都提不起兴致。

“近朱者赤，近墨者黑”，环境对孩子身心发展的影响是巨大的，给男孩营造一个良好的成长环境是男孩顺利、健康成长的关键。

我国著名教育家叶圣陶先生就曾说：“教育就是培养良好的习惯、良好的道德习惯、良好的学习习惯、良好的卫生习惯。”男孩这些良好习惯都是从周围环境，如家庭环境、学校环境中习得的。

男孩来到这个世界，对世界上的所有事物都感到好奇。同时，他们也急切地盼望能更多地了解这个世界，从而更快地融入这个世界。于是，他们就尽力模仿。

妈妈的一言一行，家庭其他成员的一举一动，周围人们的举动行为都会成为男孩模仿的对象。他们模仿周围环境里人们的言语、动作，并慢慢形成自己的行为习惯。

环境是影响男孩成长的重要因素，却常常因为妈妈的忽视而对男孩的成长带来不利，尤其是在家庭环境中，妈妈长年来形成的一些不好的习惯，正在不知不觉地影响着男孩，但是妈妈们却不自知。

男孩从出生到青少年时期，绝大部分时间生活在家庭里，家庭环境对他们有潜移默化的教育作用。

男孩模仿性强，这个特点决定了家庭环境对男孩的成长有着非常重要的影响。为此，妈妈们应当向孟子的妈妈学习，努力创设良好的家庭环境，促进男孩健康成长。

◎ 为男孩选择良好的社会环境

男孩总是根据周围环境来调整自己的行为。因此，为男孩选择一个良好的社会环境将对他们的成长起到促进作用。

在居住环境选择上，妈妈应该多考虑绿化比较好，容易接近自然，社区文化活动比较多一些的小区；在学校环境的选择上，妈妈应该多考虑学校的文化环境，不要一味地重视学校的升学率和硬件设施建设等。

总之，在男孩的社会环境选择上，妈妈应首先考虑具备愉快的学习和生活气氛的环境，这能给男孩带来好的影响。

◎ 为男孩创造良好的人际环境

良好的人际环境要求民主、平等、亲爱、和睦、欢快、恬静。男孩是家庭中平等的一员，妈妈不要娇宠溺爱，也不要冷落他。

一家人要做到互相关爱、分工劳动、遇事商量，共同享受生活的乐趣；互相赞美良好的行为表现，运用礼貌语言和幽默；经常开故事会、朗诵会、运动会，表演各种节目，还可请亲戚、朋友、小伙伴来家里玩，尽情享受亲情和友情。

◎ 为男孩创造良好的智慧环境

良好的智慧环境要求丰富、整洁、优美，有利于培养男孩爱阅读、爱提问、爱操作的习惯。

妈妈要给男孩准备好小书桌、小书柜、玩具柜、科技百宝箱、大地图、地球仪、科学实验器具，再给男孩一个植物园、动物园就更完美了。

生活环境要整洁优美，特别是男孩的生活环境里要有色彩鲜艳的图案、美丽的风景画、优美的书法作品，“好孩子表扬栏”对男孩更有积极的鼓励作用。

一家人要经常读书、讨论，一起动手做玩具、小实验，并不断鼓励男孩。对于2岁半以后的男孩，妈妈可以每天设立20分钟的“静悄悄”时段，各人在自己固定的位置专心做事情，不说一句话，事后评定男孩的表现。

◎ 为男孩创造良好的意志环境

良好的意志环境要求有利于培养男孩按时起居、规律生活、自我控制的行为习惯。

为了使男孩养成良好的行为习惯，妈妈可以和男孩一起制定各种作息时间，如早起、早锻炼，制定作息时间表，这都有利于男孩养成有动、有静的活动习惯。培养男孩按时吃饭、洗漱、排便、睡眠、劳动、看电视的习惯，逐步做到不催促、不提醒，培养男孩的责任感和坚持力。

3岁以后的男孩看什么电视，妈妈要事先与男孩商量好，以儿童节目为主，在规定的时间内不多看，也不少看。3岁以前的男孩每天以10分钟为宜，3岁以后每天20~30分钟为宜。

随着男孩逐渐长大，还要教给他怎样用钱、怎样节约、怎样存放，鼓励他买书和智力玩具、学会帮助他人等。

妈妈的鼓励和赏识，能使白痴变天才

妈妈要对男孩报以热情的态度，并且学会赏识、赞美和鼓励男孩，不管男孩处于多么糟糕的情况中，都应该向男孩灌输一种“我能行”的思维，让男孩感觉到他最棒，他有能力做得更好。这样，男孩就会信心倍增，行为上努力上进，最终成为优秀的男孩。

每一个人，都希望别人赏识自己，都爱听他人夸奖自己的言语，男孩更是如此。无论成绩如何，不管表现是否优秀，他们都渴望得到别人，尤其是妈妈的由衷赞赏。

陈凌辉是二年级的学生，成绩在班里一直是前五名，在别的父母眼里，他应该算得上是一个非常不错的孩子了。但他的妈妈却对他这个成绩不满意。

妈妈希望陈凌辉能进前三名，最好能拿第一名。所以每次陈凌辉考试结果出来后，妈妈不仅从来没有夸奖过他，而且一味地责备他：“你下次一定要抓紧时间，用功学习，争取考第一。”

但无论妈妈如何说，陈凌辉的学习还是没有进步。最近的一次考试，陈凌辉的成绩竟然下降了两个名次。妈妈不理解，为什么让孩子好好学习，他的成绩反而下滑了呢？

生活中经常看到这样的事情：一个男孩成绩很差，但妈妈没有批评他，而是告诉男孩说“你很棒，下次表现一定更好，妈妈相信你能做到”，而男孩就真的如妈妈所说的那样，学习越来越好。

而有些男孩本身已经很优秀，妈妈不但不去赞赏男孩，反而给男孩施加更大的压力，这样只会得到相反的效果。

男孩表现好时要表扬，这样能够让男孩体验到努力回报的愉悦和对自己的信心，以后会更加优秀；男孩表现差时更要妈妈的赏识和鼓励，这样能够让男孩减少自卑，增加自信。

男孩千差万别，赏识也应因人而异。成绩好的，赏识他的睿智；暂时不够好的，可赏识他的勇气；好动的，赏识他的活泼，静默的，可赏识他的沉稳；胆大的，赏识他的无畏，胆小的，可赏识他的谨慎；在待人接物上慷慨的，要赏识，节俭的，也要赏识。

妈妈的责任是使男孩的优点发扬光大，改正克服缺点。另外，赏识不一定使用语言，也可以是一个欣赏的眼神、一个肯定的大拇指。

妈妈赏识男孩还要有针对性，赞赏男孩要注意分寸，讲究艺术，否则，运用不得法，收不到理想的效果。

赏识教育也不是姑息迁就。在男孩犯了错误时，也需必要的批评，甚至适当的惩罚，否则，会使男孩变得骄气、脆弱、任性，将来很难面对挫折与不幸。

告诉男孩说“你真棒”，用积极乐观的态度去赏识男孩，用合理的方法去鼓励男孩，那么，不好的男孩会变得比现在好，优秀的男孩将会更加优秀。

◎ 赞赏男孩要明确、具体

妈妈看见男孩的良好行为，如果想让男孩继续保持下去，不能只笼统地夸赞男孩“你真棒”，而应该具体指向男孩所做的事情。

王毅一次与妈妈一起乘公交车，他发现一个老爷爷上了车没有座位，急忙站起来把自己的位置让给了老爷爷。

在旁边站着的妈妈向王毅竖起了大拇指，并且小声对他说：“儿子，你真棒！这么小就能把自己的座位让给老爷爷，真是一个懂事的孩子。”

王毅回敬了妈妈一个灿烂的笑容，把这种尊老的行为一直保持了下去。

有针对性地夸奖男孩的行为，这样男孩才能认识到自己的优秀之处，体验到自己这样做的愉快心情，最终会强化这种行为，把好的表现坚持下去。

◎ 赞赏男孩的努力行为

男孩天生资质不同，有些人聪明，有些人笨拙，但聪明的人如果不努力，就不会成功，笨拙的人如果勤奋，就有可能出类拔萃。

李才良天生聪明，学什么都比别的同学快，同时他也知道用功，所以成绩在班里一直是名列前茅。后来，大家总是夸奖李才良聪明，他也慢慢地骄傲了起来，成绩也下降了。

李才良感觉十分难过，回家问妈妈自己是不是不聪明，妈妈耐心地对他说：“孩子，你只有努力，才会有好成绩，以前的成绩是这样获得的，以后的好成绩也只有这样才能争取。妈妈欣赏的就是你的勤奋。”

李才良听了妈妈的话，端正了学习态度，又开始勤奋努力了。

所以，妈妈夸赞男孩的时候，要针对男孩的行为，而不是男孩先天的条件。只有这样，妈妈的赞扬才能收到效果，男孩才会把好的行为坚持下去，向妈妈期望的目标靠近。

◎ 及时夸奖男孩的小进步

男孩出现了进步的行为，或者表现得比以前优秀，不管男孩当时是出于什么原因，妈妈都应该给予关注，并及时夸奖。

赵航海平时很贪玩，放学后从来都不知道主动学习，每次都是妈妈催促多遍才不情愿地坐下写作业。

有一天放学后，妈妈还没有说话，赵航海便掏出书本写作业。这让妈妈非常高兴，特地做了一道赵航海爱吃的松仁玉米，作为对儿子主动学习的奖励。

赵航海本来是因为老师让他补作业才主动写的，但听到妈妈的夸奖后，他很兴奋，下决心以后每天放学后都要主动写作业。

男孩的行为只有在得到肯定之后，才会把这种行为坚持下去。妈妈如果对男孩的进步或者好的表现视而不见，男孩就会放任自己，妈妈以后再教育就不会收到太好的效果。

◎ 赞赏男孩做事过程中的闪光点

很多男孩可能出于好心去做事，但因为年龄小，没有经验，可能会带来不好的结果，这是非常正常的。

一家人吃过饭后，卫安和看妈妈在收拾碗筷，于是也跑上前去帮忙，一不小心把碗打碎了，卫安和害怕妈妈责备自己，急得哭了出来。

妈妈不仅没有批评他，而且用赞赏的口吻说："碗碎了没关系，妈妈看见了你的孝心，这比什么都重要。来，我们一起把碗的碎片捡起来吧。"卫安和这时才破涕为笑，高兴地与妈妈一起收拾残局。

妈妈要多从男孩的出发点去考虑，多看过程，这样才能看到男孩的优秀所在，并提出表扬。只有如此，男孩在失败后才会有坚持做下去的勇气与信心。否则，男孩可能从此失去做事的热情。

妈妈，你的另一重身份叫朋友

对男孩而言，妈妈应该是他最好的朋友，妈妈的信任意味着压力、重视和鼓励，这是真正触动他心灵的动力。从教育效果看，和男孩做朋友是一种富有鼓舞作用的教育方式。

在家庭教育中，妈妈和男孩交朋友，信任男孩，可使男孩感到他们与妈妈处于平等的地位，从而对妈妈更加尊重、敬爱，更加亲近、服从，乐于向妈妈倾诉。

这既增进了妈妈对男孩内心世界的了解，又使妈妈对男孩的教育更能有的放矢，获得更好的效果。

反之，若妈妈对男孩持不信任的态度，就无法了解男孩的愿望和要求，男孩的自尊心和自信心必然会因此受到伤害，他们对妈妈的信赖也势必减弱。这样，家庭教育的效果也会相应减弱。

所以，妈妈应该信任男孩，做他们的朋友，从而更有利地教育好男孩。

李伟达十岁了，仍被妈妈视为小孩子。妈妈从来不肯撒手让其独行，甚至离家几步之遥的地方都不让他独去，怕他被车碰着、遇到突发事件不会处理。

李伟达想交朋友，妈妈也阻止，并说自己是儿子最好的朋友。李伟达有几次挣脱妈妈的手，独立做事，都被妈妈硬给拽了回来。

有一次，李伟达想自己去书店看书，妈妈没有答应。李伟达郑重地跟妈妈说："妈妈，你总说你是我最好的朋友，那你就应该相信我，给我一次机会吧，我肯定没有问题。"

尽管李伟达这样说，妈妈还是不同意。

男孩从懂事开始，便有了自己的思想，就跟成人一样，渴望被理解、被尊重以及被信任。可是，很多妈妈往往忽略了这一点。

在教育史上，有一个著名的实验后来被称为"暗含期待效应"。其原理就是信任，这种效应被广泛运用于现代教育中，教育工作者从对男孩的信任出发，培养男孩的积极性，让男孩在别人的鼓励和信任中不断地进步。

对男孩的信任，做男孩的朋友，能够激发男孩内心的动力，让男孩体会到成功的快乐，吸取失败的教训。他们会在妈妈充满信任和友谊的目光与言语中，从摔倒的地方爬起来，一步一个脚印地走向成功，实现他们心中的理想。

那么，怎样才能做到信任男孩，做男孩的好朋友呢？

◎ 主动和男孩打成一片

妈妈要和男孩打成一片，甚至和他一起"胡说八道"。不要摆起架子，做个"高高在上"的长辈。

妈妈要花些时间了解那些流行的东西。无论是歌星、青少年偶像，还是新电脑游戏，都要花一些时间去了解。这样，一方面可以给自己更多的话题，另一方面告诉男孩"妈妈在乎他"。

◎ 经常跟男孩谈心

对男孩说心里话，不要把话闷在肚子里，同时希望他也这么做。妈妈要做一个好的聆听者，让男孩知道他有多重要，告诉他父母多么爱他，慷慨地把自己的时间分享给他。

上四年级的刘伟最近心情不太好，回到家后就躲到自己的屋子里。这天，妈妈装作轻松地告诉刘伟，自己像他这么大的时候，经常哭，还发生过其他糗事。

刘伟听着妈妈说的那些糗事，展开了笑颜，并告诉妈妈，由于上次数学考试没有给自己的好朋友抄答案，好朋友不理他了。

妈妈告诉他，真正的朋友应该帮助他学习进步，而不是帮他作弊。刘伟点了点头，对妈妈的话表示认同，后来他明显轻松了许多。

妈妈可以告诉男孩自己每天经历的事，也可以问问他，他一天经历了哪些事。如果男孩告诉妈妈，他做了什么“不该做”的事情，那么，不要训斥，也不要生气，多听少讲。

只有当男孩认为和妈妈聊天没有“被惩罚的威胁”时，他才会无所不谈。刚开始时，如果他有点不敢讲，妈妈先对他保证自己不会生气。这样一来，男孩在心情不好的时候，也能说出内心的感受，妈妈就会有机会了解男孩，帮助他们走出认识的误区。

◎ 学习男孩的“语言”

如果妈妈想做男孩的朋友，那就必须学习他的“语言”，而不是要求他学习成人的“语言”。如果妈妈不学新知识，不接触新的思想观念，知识匮乏，思想陈旧，就不能理解现在男孩的所思所想。

妈妈应该尽量多地接触点流行的东西，比如流行的思想、流行的服饰、流行的技术、流行的音乐，以减小代沟，创造彼此信任的沟通渠道。

◎ 多抽时间与男孩玩

无论多么忙，妈妈都要和男孩一起玩，平等地和他们谈心。不要以为把男孩送到学校了，一切就都是老师的事情。

妈妈和男孩接触，关键不是接触次数的多少、时间长短的问题，而是接触的质量。即使只和男孩在一起几分钟的时间，只要专心致志地和他在一起，就能让他感觉到爱。

教育男孩，主要还是靠父母，尤其是要靠妈妈。在陪伴中，妈妈可以融洽和男孩的关系，了解男孩的成长进程，从而成为男孩的好朋友。

◎ 记住自己的身份是妈妈

在做男孩的朋友的同时，千万不要忘记了，妈妈还有自身的职责要履行，要做好男孩生活、学习的榜样。这个界限千万不可模糊。

男孩有很多行为都与成人的行为变化有关。妈妈对自己的习惯、情感和忧虑表现得日益开放，男孩常常效仿妈妈，这在一定程度上解释了男孩为什么会产生不良行为。

所以，妈妈要时刻记住自己的职责，即使无法立刻给男孩做出好的榜样，也要告知他正确做法以及自己无法做到的原因，让男孩在谅解中把妈妈当朋友看待。

让男孩自己照顾自己，这是妈妈最好的礼物

男孩如果对自己的生活都不能自理，那么以后就很难自立，因此，妈妈要培养男孩独立自主的精神，需要从男孩动手自理自己的生活开始。

只有独立自主的男孩，将来才会做成大事，而男孩独立的前提是生活能够自理。但是，现在的妈妈虽然想让男孩有独立的精神，却因为各方面的原因导致男孩生活不会自理。

有些妈妈害怕男孩做家务浪费时间，耽误学习，于是在看到男孩料理自己的生活时就上前阻拦，代男孩去做；还有些妈妈虽然想培养男孩在日常生活中的自理能力，但看着男孩做得太慢、太费劲，忍不住去替男孩做了；还有一些妈妈心疼男孩，尽量不让男孩动手做事。

男孩失去了尝试的机会，当然不会有自理的能力，变得处处依赖妈妈，以后更不会有独立的精神，还容易养成好逸恶劳的习惯。

赵才哲长得虎头虎脑，十分可爱，加上聪明伶俐，很多人第一次看见他，都认为赵才哲长大后会很有出息，但是，只要与赵才哲接触久了，就会

改变这个想法。

赵才哲的妈妈从来不让他做任何事情，所以他自己不会整理书包，上学要带哪些东西都需妈妈代劳，甚至他的吃饭穿衣，都需要妈妈料理，连早晚刷牙，都需要妈妈把牙膏给他挤好。

与赵才哲同龄的孩子，能够自己做很多事情，而赵才哲却什么都不会，任何事情都依赖父母，什么都让父母帮忙，这样，赵才哲在大家心中的良好印象就大打折扣了。

男孩没有独立的精神，从根本上来说，是由于妈妈不让男孩自理生活引起，而男孩将来的成功，必须依赖男孩的自立自强，从这一点上来说，妈妈从小不让男孩做事情，不是疼爱男孩，而是在害男孩。

相反，如果妈妈在男孩小时候就让他学着自理生活，妈妈会省很多事情，男孩的自理能力也得到了锻炼，而且手脑协调能力也会得到大幅度的提高，同时带动了男孩智力方面的发展，更为重要的是，男孩的独立性得到了增强。

因此，妈妈需要让男孩从小尝试着自己照顾自己，鼓励男孩进行独立思考，自己做事，在必要的时候妈妈给予正确的引导，这样男孩就会从自理生活方面开始，逐渐提高独立自主的能力，在如今竞争激烈的社会中占有一席之地。

◎ 让男孩从日常小事开始做起

男孩在小时候不知道懒惰是什么，也不会老待着不动，而是喜欢跟在妈妈后面学着做事情，这时候是妈妈培养男孩自理能力的最佳时机。

初学时，因为生理发育方面的原因，男孩做事情会很慢，完成一个动作会费很长时间，但这并不影响男孩做事的积极性。

只要妈妈不代男孩去做，男孩就会很高兴地一直做下去，而完成一个动作或者一件事情之后，男孩还会感觉到无比的满足与自豪，这样能够增加他继续做下去的动力。

因此，妈妈在男孩力所能及的范围内，要有意识地让他尝试着自己吃饭、自己整理玩具物品、自己穿衣叠被、自己打扫卫生等，从一些日常小事情中开始培养男孩独立自主的能力。

◎ 有意识地让男孩学着独立思考

妈妈培养男孩的独立，要从日常生活中男孩的自理方面开始，同时，还应有意识地让男孩学着独立思考。

比如，男孩在做一件事情的过程中，如果所用的方法不通，妈妈要引导着男孩去思考用别的方法解决。不要上前帮忙，替男孩完成。因为这样男孩自理能力不仅得不到提高，还容易产生挫败的心理。

只有男孩通过自己的思考，找到解决事情的正确的办法，独立地把一件事情做完时，男孩才会有自豪感，同时男孩的自理能力和独立思考能力都会有所提高。

另外，妈妈在日常生活中决定什么事情时，特别是与男孩有关的事情，应该尽量多征求男孩的意见，让男孩说他的想法，给男孩提建议的权利，并让男孩说出相应的理由，这些能够从心理方面促进男孩的独立，并且还有助于培养男孩的义务感和责任心。

◎ 注意对男孩进行引导与鼓励

男孩开始学做事情时，哪怕是一个很简单的动作，因为生理方面的原因以及没有尝试过，都可能做得很费劲，或者不知道从哪里下手。

这时候妈妈要给予男孩及时正确的引导，告诉男孩如何做才会比较快地完成，才会做得更好。同时，妈妈还要对男孩先做什么、后做什么，从易到难做一个正确的引导，这样男孩的自理能力才会很快得到提高。

另外，妈妈要给予男孩及时的鼓励，这样男孩才不会因失败而气馁，才会增加继续做的积极性，以帮助男孩把一件事情坚持做完、做好。

◎ 及时给予男孩正面的反馈与夸奖

每个人都喜欢别人夸奖，男孩都不例外，妈妈要明白和利用男孩这个心理。在男孩尝试做事情的过程中，如果男孩很好地完成了，妈妈要及时地对男孩进行夸奖，或者亲男孩一下，以示奖励，这样能够增加男孩以后继续做的动力，提高男孩做事情的积极性。

即便男孩一时难以完成，并且有了想放弃的念头，妈妈也要抓住男孩在做事情中的积极因素，给予男孩正面的反馈，这样男孩就不会轻易放手。

不管男孩做事情出现怎样糟糕的结果，哪怕妈妈屡教男孩都不会，妈妈都不能用消极的语言去批评指责男孩。

任何有损男孩自尊的反面语言，比如“你真笨”“告诉你多少遍还不会”“这点小事情都做不好，长大后还能做什么”等都不能说。妈妈这样说，不仅起不到激励男孩的作用，反而会使男孩厌恶再做事情。

别把男孩当小孩，要尊重他的想法

鲁迅说过，“对于男孩，如果小时候妈妈不把他当人，长大以后他也成不了人。”这句话应该给所有的妈妈提个醒。

男孩的想法被妈妈尊重，是培养男孩自信心的开始，也是培养男孩责任感的好机会。因此，妈妈要学会尊重男孩的意愿和想法，锻炼男孩的独立意识。

男孩的自主意识，随着年龄的增长不断增强，他们越来越希望从妈妈那里得到认可和赞同。一旦妈妈对他们的管束太多，或者无视他们的意愿和想法，男孩就会在精神上和心理上背上沉重的包袱。

男孩的心情受到压抑，会阻碍他们的性格发展，他们会不自觉地疏远和妈妈的关系，使矛盾尖锐化，从而影响男孩的健康发展。

所以，妈妈要倾听男孩的意见，尊重他们，让他们充分行使自己的权利，锻炼男孩的能力，以便让男孩适应社会的发展。

周雪峰是三年级的学生，一直以来都很听父母的话，可是在妈妈帮他报名参加数学培训班后，他突然不像以前那样乖了。

周雪峰不喜欢上数学培训班，但是当他把想法告诉妈妈后，妈妈不仅没有安慰他，还责怪他偷懒，不知道努力补足自己的弱科。

周雪峰心里很不高兴。他觉得妈妈不把他的意见放在心上，自己在家里根本就没有位置。在这样的情绪下，周雪峰以不和妈妈说话的方式来表达自己的不满。

男孩有不同于成人的思维和想法，妈妈要站在男孩的角度，分析男孩的心理，要学会理解男孩，从细节中观察男孩，以循循善诱的方式，帮助男孩尽早学会独立，使男孩能够自己处理所遇到的问题。

妈妈教育男孩的前提是尊重男孩，尊重是教育的基础。聪明的妈妈善于抓住每一次机会，让男孩表达自己的意愿和想法，给男孩充分的信任和尊重，促进男孩的成长。

◎ 不强加给男孩妈妈的意愿

常常男孩提出了一种意愿，妈妈马上反对。最后，妈妈的意愿被强加给男孩，让男孩叫苦不迭。这种现象，是好妈妈应该尽量避免的。如果妈妈不顾男孩的想法，强制推行自己的意愿，容易激起男孩的逆反。

如果妈妈有好建议，可以先同男孩商议，以一种平等、尊重的态度交流，这样，妈妈的意愿也会被男孩考虑。如果妈妈的意愿能够转化成男孩的意愿，就可以顺利执行了。男孩也会用心评判，如果真是好建议，男孩是不会拒绝的。

◎ 耐心倾听男孩的想法

不少妈妈认为男孩年龄小，没有做决定的能力，所以会选择不顾及男孩的想法，按自己的意愿为男孩安排生活和学习，这往往达不到好的效果。

妈妈要耐心倾听男孩的想法，即使男孩的观点不全面，也不要轻易否定男孩的意见和想法。对男孩所说的话要予以信任，不要以成人的观点来评价男孩。

妈妈和男孩沟通的时候，要站在听众的位置上，去倾听男孩的意见，然后平心静气地和男孩交流想法，对男孩不能清晰表达出来的观点，妈妈要做必要的补充，在尊重男孩的基础上，鼓励男孩勇敢地表达自己。

◎ 给男孩自己做主的机会

男孩的自主意识很强烈，他们不希望妈妈过多地干涉自己的生活、学习，他们渴望一定程度上的自由。妈妈要了解男孩的心理，给男孩自己做主的机会，在男孩自由选择并尊重男孩的基础上，给男孩适当的引导和帮助。

王晔今年上初二了，学习成绩不是特别理想，但是对体育很是热衷，老师建议他转到体育特长班，因为那样升入理想高中的机会就大些。

王晔自己也有这样的想法，回家后便和妈妈商量。妈妈和蔼地问他自己的意见，在听了孩子的想法后，妈妈说让他自己做主，鼓励他按照自己的想法去做事。

男孩的性别角色，决定了他们要担负更大的责任和义务，妈妈要通过尊重男孩的意愿和想法，让男孩有自己做主的机会，以锻炼男孩的独立意识，为男孩今后组建家庭和进入社会角色做好准备。

◎ 理性分析男孩意愿的可行性

男孩有了自己的想法或意愿，但不一定可执行，这也是许多妈妈听过男孩的意愿后，马上反对的原因。如果妈妈理性地分析意愿的可行性，耐心说给男孩听，在这个过程中，让男孩感受到自己是被尊重的，男孩才不会产生负面情绪。

江滨的妈妈是一个登山爱好者，常常和一些驴友一起背包旅行。受妈妈的影响，江滨也想要和妈妈一起出行。

妈妈不想打消他的积极性，告诉他，如果想和妈妈一起背包旅行，可以先带他到附近的宿营地，让他感受一下在野外的生活。

和妈妈一起去了宿营地后，帐篷还没有搭好，江滨就热得满头大汗。而通过随后的爬山活动，他更是认识到了自己体力的局限，坦然接受妈妈不能带他一起背包旅行的决定。

男孩提出了一种意愿，如果不可行，妈妈要给男孩一个解释。男孩也有是非理念，认真听妈妈讲完后，会同意妈妈的建议的。一些生活小事，妈妈也可以给男孩一个解释，这都是尊重男孩的表现。

◎ 教男孩为自己的想法负责

男孩的意愿和想法，一旦被允许执行，就要对它负责任。这一点，妈妈要让男孩明白。生活中，妈妈要鼓励男孩有想法，就算这些想法可行，妈妈也要告知男孩，它可能成功，也可能失败。男孩要学会为自己的选择负责。

王弼强烈要求再也不学琴了，他说："我讨厌那儿的老师。"妈妈问："是讨厌老师，还是讨厌琴？"王弼想了想说，他的确是讨厌老师。后来，妈妈遵从他的意愿，给他选了一个喜欢的老师。

事后，王弼发现，原来的老师，也有好的地方。但是，这是他的决定，他接受了自己现在的选择。

男孩的每一个想法，一旦去实施，总会带来种种后果，这些都是男孩需要承受的。男孩在执行个人意愿时，也要学会承担责任，这些是妈妈在尊重男孩意愿后，应该告知的。如果男孩既想执行意愿，又不想负责任，妈妈一定不能答应。

性格决定命运，
按性格教育决定男孩的未来

性格决定命运。优良的性格品质是男孩成长过程中的积极因素，不良的性格则是男孩前进道路上的绊脚石。妈妈要认真规划男孩的性格教育，“设计”男孩一生的好命运。

李儒小是个性格内向的孩子，平时很少和同学交流，身边的朋友也很少。每次看到其他的同学们在一起嬉闹，他就很羡慕。

李儒小尝试着和同学聊天，可是不是同学的话题他不知道，就是和同学说不了几句话就冷场了。

妈妈发现儿子性格过于内向，就开始用强势的教育方法逼迫他大胆起来，还把他带到小区楼下和其他小朋友玩，不玩就不准他回家。

可是，在妈妈的强迫下，李儒小变得更加内向了。

男孩的性格是复杂多样的，这就需要妈妈在生活细节中发现男孩的性格缺陷，按照性格来培养男孩。

现代医学和心理学证明，性格是心理和大脑功能的表现形式，男孩的性格根据心理素质可分为 A、B、C 三种类型。

其主要表现是：A 型性格的男孩争强好胜，说话声音响亮，走路急促，常有时间紧迫感，心胸狭窄，并具有泛化式敌意心理，往往树敌太多，动辄发火；B 型性格者相反，从容不迫，心胸开朗，与人为善；C 型性格者主要表现为内向、缄默和抑郁。

男孩最理想的性格是 B 型性格。其实男孩属于哪种性格，除了受到遗传因素的影响外，环境也是性格发展的一个决定性因素。

环境的作用主要是通过家庭、学校、活动圈子来发生效应的。所以，妈妈要尽量为男孩提供一个好的环境，促使他优良性格品质的形成。

研究发现，在同样的社会、文化、种族、宗教条件下，性格决定了男孩价值观的形成，其实也就决定了男孩在生活、学习和工作中的态度，进而决定了男孩取得成就的大小。

妈妈要根据男孩性格的不同来教育男孩，力求帮助男孩完善他们的性格，使男孩取得更大的进步。

◎ 认识优良性格对男孩的重要性

优良的性格是男孩树立人生理想、信念的基础，是搞好学习、赢得事业的保证，也是男孩幸福一生的重要保证。而失败者大多存在性格品质上的缺陷，比如意志力薄弱、优柔寡断、骄傲自大、不思进取等。

老师在学校门口抓到沈浩勒索低年级同学，便把他狠狠地批评了一顿，同时打电话叫来了沈浩的妈妈。

妈妈最近忙于工作，很少照顾沈浩，得知这一消息后，才开始反省。回到家后，妈妈先向儿子道了歉，并指导他认识到自己的错误。妈妈还决定多花时间，好好培养孩子的优良性格。

妈妈要意识到优良的性格对男孩的重要性，将更多的时间放在教育男孩上，然后以自己的人生阅历和社会经验引导男孩培养良好的性格，以便男孩在人生之路上走得更加顺畅。

◎ 了解男孩独具的优点和缺点

妈妈只有了解了男孩，才能为男孩提供更好的教育和帮助。

所以，妈妈要细心观察男孩的性格，认识到男孩的优点和缺点，然后采取合适的方法来教育男孩，这样才能使教育效果更加显著。

◎ 教 A 型性格的男孩换位思考

A 型性格的男孩，平时遇事容易紧张，情绪不稳定，常常为了小事和他人大动干戈。在肯定男孩的成绩之余，妈妈要教育男孩从多方面、多角度分析问题，培养他们的个人兴趣和幽默感，减少他们的心理压力。

同时，妈妈要教给男孩基本的社交能力和与人相处的能力，学会体谅他人，也要教导他们善待自己的情感，不要太过计较得失。

妈妈身上一般都具备心胸开阔、善于交际的优秀品质，要将这些优秀品质传达给男孩。此外，还可以借助男孩的爱好来帮助男孩平衡生活。

◎ 适当赞美 B 型性格的男孩

这类性格的男孩能更好地发挥潜能，做事有计划、有规律，喜欢与别人交朋友，富有人情味，易与周围的人产生正面互动。他们兴趣广泛，善于表达自己，知道如何吸引他人的注意力，使自己成为受欢迎的人，也更容易取得成功。

妈妈适当的赞美对 B 型性格的男孩最为奏效，如果再为他们制定一些目标，男孩就会变得更加积极。“人无完人，金无足赤”，即使性格再优秀的男孩也会有这样那样的缺点，妈妈要善于发现男孩的不足，使男孩的性格品质更加完善。

◎ 鼓励 C 型性格的男孩与人交往

C 型性格的男孩社交能力较弱，大都沉默寡言，不喜欢与人交谈，也不喜欢群体行动；感情波动很小；喜欢汲取新知识，花较多的时间看书和思考，会将注意力放在自己感兴趣的事物上。

周末妈妈带王德佑出去玩，在路上遇到了邻居王阿姨，王阿姨夸王德佑更帅气了。妈妈让他和王阿姨打招呼，他却躲在了妈妈身后，不肯打招呼，王阿姨只好无趣地走了。

妈妈没有指责王德佑，而是语重心长地告诉他交际的重要性，只有变得开朗些，将自己的想法表达出来，才会得到别人的理解和尊重。王德佑听懂了妈妈的话。

妈妈要鼓励男孩主动与人交往，也要肯定男孩的看法，以提升其自信心。妈妈要为男孩做好榜样，使自己的交往行为成为男孩学习的榜样，教会男孩与人交往的方法和处理问题的能力，提高男孩与人交往的技巧。

享受男孩依赖的妈妈，是最无知的母亲

当今时代对人才的独立性提出了更高的要求，只有具有独立精神的人，才能够更好地完成各项任务。独立是男孩走向社会后的必备素质。

如今的男孩大部分是独生子，在家人的溺爱中成长，妈妈习惯为他们做好所有的事情，这助长了男孩过度依赖的心理。

这样的男孩在家里依赖父母，在学校依赖老师和同学，在社会上依赖他人。现在的社会分工明确，过度依赖的男孩在社会上是没有立足之地的。

男孩的依赖心理是男孩成长过程中所必须经历的，只是不同男孩的依赖程度和时间有所不同。妈妈有责任和义务帮助男孩早日摆脱依赖心理，走上独立的道路。

男孩是在独立中获得发展的，妈妈要给予男孩足够多的实践机会，放手让男孩独立进行活动。男孩在活动期间身体、智力、各种能力均能得到足够的发展。如果妈妈舍不得放手，事事都包办，就剥夺了男孩锻炼自己的动手能力和独立能力的机会。

如果男孩的任何事情都要由妈妈代劳，男孩就得不到成长所需要的实践机会，得不到锻炼的男孩，容易产生对别人的依赖，不可能有出色的成就。

王闹闹的爸爸长期在外出差，照顾他的任务就交给了妈妈。妈妈觉得儿子很孤单，便给予他更多的母爱，什么事情都为他做好，而王闹闹也很依赖妈妈。

妈妈认为儿子和自己关系很好，很高兴。可是，在妈妈的疼爱中，王闹闹变得优柔寡断，什么事情都要征求妈妈的意见，没有自己的主见。

一次，班里临时决定到天文馆参观，只有王闹闹不愿意去。直到得到妈妈的同意后，他才和老师同学一起出发，这让妈妈开始反思自己的教育。

妈妈的教育方式不合理，会让男孩产生强烈的依赖心理。妈妈习惯为男孩打理好生活、学习中的所有问题，使得男孩事事都对妈妈依赖。

男孩习惯了妈妈为自己的事情做决定，遇到问题时就不会想到自己去解决，而是靠妈妈；男孩尝到了妈妈为自己做事的甜头后，依赖就会成为习惯。

妈妈要让男孩自己做事，减少对妈妈的依赖心理。妈妈要分析男孩过度依赖情绪形成的原因，然后对症下药，采用不同的策略，帮助男孩摆脱过度依赖的心理。

◎ 减少对男孩的溺爱

男孩的健康成长需要来自妈妈的爱，妈妈应该给男孩适度的爱，如果爱得过度，就是溺爱了。溺爱对男孩的身心都是有害的，在妈妈的溺爱中长大的男孩，往往会缺少诸如独立、坚强、尊重别人等优良的品质。

溺爱是扼杀男孩的糖衣炮弹，妈妈要引导男孩抵制住糖衣炮弹的攻击。为了男孩的健康成长，每位妈妈都应该用适度理性的爱去爱男孩，该放手时就要放手。只有经历过困难和挫折的男孩，才能真正独立，摆脱对妈妈的依赖。

◎ 帮男孩树立自立意识

妈妈过多的娇惯，使很多男孩存在着严重的依赖心理。家庭教育的一个很重要的目的，就是要培养男孩的各种能力，而自立是居于首位的能力。

郑刚豪上小学二年级，但他晚上放学后，做作业的状态让妈妈很是不满意，他必须得妈妈盯着才好好做，一会不看着他，就偷偷地出去玩了。妈妈一次次地批评他，可是没有效果。

面对这种情况，妈妈很严肃地告诉他："写作业是你自己的事情，以后我就不监督了，完不成作业，被老师批评，我就不负责任了啊。"

由于担心被老师批评，郑刚豪只好乖乖地写作业。

妈妈需要转变观念，男孩自己能做的，就让他自己去做。拒绝男孩对妈妈的依赖，培养男孩的自立意识是适应时代发展的必然要求。

◎ 给男孩独立的机会

妈妈喜欢为男孩做决定，然后再安排男孩按照自己的决定去做事，这样助长了男孩对妈妈的依赖心理。因此，妈妈不要凡事都帮男孩拿主意、做决定，从而剥夺了他们独立思考、亲自动手的机会。

妈妈要教男孩学会独立思考，遇到事情时不要首先想到在妈妈那里得到帮助，而是要动脑筋思考解决问题的方法。这样就会帮助男孩逐渐摆脱对妈妈的依赖。

◎ 教给男孩做事的方法

许多男孩之所以依赖性强、凡事不自己动手做，与他们不能掌握正确的方法、不会做事有很大关系。所以，妈妈在培养男孩的动手能力时要注意教给男孩具体的方法，而不要只提出要求。这样男孩会减少对妈妈的依赖。

可见，妈妈要教给男孩生活中和学习上正确做事的方法。比如：教给男孩正确穿衣服、正确吃饭的方法，正确写字看书的姿势等。通过妈妈的教育，男孩会变得更加独立。

◎ 妈妈要有足够的耐心

男孩过度依赖的习惯不是一天两天形成的，同样，要想帮助男孩纠正这一习惯，培养他们自主独立的好习惯也需要很长时间。在这个过程中，妈妈的耐心很重要。

妈妈不要急躁，不要总是说“这件事不是这样做的”“你那样是不行的”之类的话，这样会使男孩失去信心；也不要一看到男孩不行，就急于代劳，那样会前功尽弃，应该耐心等待男孩的成长。

每个男孩都是向善向上的，多给男孩一点耐心，多给男孩一点时间，男孩就能按照妈妈的引导成长。

蹲下来说和教，男孩才会高兴地服从

在教育男孩时，有些妈妈早已习惯了站着说话，对男孩发号施令，把自己的思维和主观愿望强加到男孩身上，而很少考虑到男孩内心的想法。

当自己的愿望与男孩的想法产生碰撞的时候，妈妈就会对男孩大失所望，然后强制男孩按自己的意愿行事，根本不会考虑男孩的感受。

如果妈妈蹲下来，蹲到和男孩一般高时再开口说话，情况又会怎样呢？

至少，男孩肯定会认真地听你说话，这一点非常重要。倘若你在说话，而他心不在焉，那么即使你说得再多，道理再正确，又有什么用呢？

妈妈能在家庭中创造一种平等民主的氛围，这是男孩的幸运。在这样的家庭里，男孩会觉得妈妈是自己的朋友，而不是高高在上的权威。

妈妈要知道，只有两头高度差不多，水才有可能在中间的管道里来回流动，如果一头高，一头低，水就只能往一个方向流了。男孩与妈妈的交流也是相同的道理，蹲下来和男孩说话，妈妈与男孩才有可能平等地交流。

美国精神病学家威廉·哥德法勃曾经说过："教育男孩最重要的，是要把男孩当成与自己人格平等的人，给他们以无限的关爱。"

无数事实也表明，妈妈以居高临下的姿态来关心男孩，反而会使男孩产生逆反心理。只有妈妈转变姿态，像对待朋友那样去关爱子女，才有可能让男孩感受到平等。

有一天，张文瀚回家晚了，妈妈帮他拿下肩上的书包，陪他吃饭，告诉他这是特意为他准备的。妈妈还告诉张文瀚，她已经在窗口看了很多次，盼着张文瀚回来。

张文瀚说，他陪同学买东西去了，所以回来晚了，并向妈妈道歉。

妈妈说："孩子，妈妈知道你是一个有责任心的好男孩，相信你不会惹麻烦，但妈妈牵挂你，担心遇到交通事故或别的什么事情。以后，最好先打电话回来说一下。"

张文瀚高兴地亲了一下妈妈："妈妈，你真好！"

妈妈从男孩的角度出发看待男孩的过失，使男孩能感受到母亲对他人格的尊重，感受到他与母亲在地位上的平等。在我们周围，有许多妈妈喜欢用成人的思维方式来看待男孩的行为，男孩稍有失误，就对男孩进行指责和批评，这是不科学的。

男孩本身就是一个独立的个体，有自己的思想、自己的人格和尊严，他们都希望妈妈能够给予他们尊重和平等。妈妈只有和子女站在同一水平线上，男孩才有可能感受到平等。

蹲下来和男孩说话，是增强男孩独立意识的有效方式。

妈妈不要再居高临下，甚至死抱着某些封建残余意识不放了，也不要总是以责备、教训的口吻同男孩交谈。

妈妈应该顺应这个时代的发展，真正同男孩建立一种平等尊重的朋友关系，只有这样，才能拉近彼此的关系，相互敞开心扉，更好地进行沟通和交流。

无论男孩的想法多么幼稚，也无论听起来多么没有道理，妈妈也要学会耐心倾听，让男孩尽情倾诉。

妈妈还应该学会多问一些为什么，比如男孩为什么会产生这样那样的想法？男孩为什么会认为自己的想法有道理？男孩为什么不赞同妈妈的看法？等等。

只要这样做了，妈妈与男孩之间的沟通和交流一定会越来越多，越来越通畅。也只有这样，妈妈对男孩的教育才会越来越容易，妈妈同男孩之间的紧张关系才会越来越改善，家庭才会越来越和睦。

有句话叫"家是休息的港湾"，这句话不仅对夫妻如此，对妈妈如此，对于男孩同样也是如此。

那么如果妈妈真心实意地愿意以平等、尊重的态度同男孩进行沟通和交流，有没有什么捷径或者最佳方式呢？

◎ 跟男孩说话不宜啰唆

有些妈妈的教育费尽心力，但是效果并不理想。表面上看来，妈妈是在与男孩公开交谈，殊不知妈妈的某些话，恰恰堵住了男孩的嘴巴和耳朵。

最常见的弊病就是妈妈那种教条似的长篇独白，一开始就是"当我和你一样年纪的时候"，绝大多数的男孩对妈妈的这种表演评论说"这种说教式的谈话，我不喜欢"。其效果可想而知。

在说教面前，男孩往往是缄默不语，他们的眼睛朝高处看，心不在焉，无法接受妈妈的教育。类似"等你成家，有了孩子后，就明白了"这样的话已经成了某些妈妈的口头禅，一天要唠叨好几次。由于男孩是生活在此时此地，老是对他们提及未来的情况，不会有多大效果。

有经验的妈妈认为："应该用现实的语言，举出具体的理由，说明你提出的主张。"如不赞成男孩去出席某次舞会，不必提到许多"未来"的事情，只需具体说明，如"我不让你去是因为你年龄太小，没人照看你，怕你出事"，这就行了。

◎ 语言一定要发自真心

凡是关系融洽的家庭，人们交谈时，语言都充满着爱心和亲切感，态度和蔼。而那种直来直去、不讲究方式的语言，用意虽好，却会得到相反的效果。

具体的语言方式，因人而异。比如，男孩喜欢听激励的话，妈妈就可以查找一些励志的话，在男孩心情消沉时说给他听。

语言要发自真心，同时也要说到男孩的心里去，才能取得比较好的教育效果。

◎ 尊重男孩的个人意见

在讨论一般的普通家事时，不妨也让男孩"参政"一下。不管最后是否采纳了他的意见，也让他感受到他在家庭中的重要性，是家庭的一员。如此，他们也会尊重长辈的。

总之，蹲下来和男孩说话，是增强男孩独立意识的有效方式。蹲下来说话，不仅仅是一种行为的表现，还是一种教育观的体现。

只有怀着崇高的责任心和热切的期望才能蹲下来，只有把男孩看作是平等的个体才能蹲下来。

只有蹲下来，妈妈才能平视男孩，才能获得和男孩真正交流的机会，才能真正明白男孩心中所想以及他们行为的真正动机。

第二章
先了解你的男孩，才能有针对性地说和教

明晰男孩的身体发育，避免教育时手足无措

知道男孩的心理朝哪个方向发展，才好正确引导

了解情绪特点，为解决情绪问题做准备

冒险是男孩永远的追求，妈妈一定不要阻止

男孩都是“小英雄”，妈妈要笑着对待

越竞争，越强大；越竞争，男孩也越上进

男孩都是“破坏王”，尊重他的探索心理

明晰男孩的身体发育，避免教育时手足无措

男孩和女孩的身体发育情况是不同的，作为妈妈，要多学习关于男孩身体发育的相关知识，明确男孩的各个发育阶段以及在各阶段有什么表现，才能给男孩提供适时适度的指导。

对于男孩来说，身体的发育一般会经历3个阶段，即通常我们所说的幼稚阶段、青春朦胧阶段和成熟阶段。经过这3个阶段后，男孩就由幼童变成少年、青年，走向成年。

0~10岁是男孩的幼稚阶段。在这个阶段，男孩的各种身体特征都没有发育成熟，除了身高体重的变化外，身体的其他器官，如生殖器官，发育处于停滞阶段。

10~18岁是男孩的青春朦胧阶段。在这个阶段，男孩的第二性征发育比较迅速，生殖器、腋毛、喉结、声音等都会有明显变化，性意识开始萌发。

而到了18岁以后，男孩进入成熟阶段，男孩身体发育基本完成，以后即使身体有进一步的发育，幅度也非常小。

妈妈一定要认识到男孩在各阶段的相应变化，并采取正确的应对策略。

涨潮感到自己的身体有了很大的变化。起初，他发现自己的声音一下子变粗了，开始很别扭，觉得自己好像变成了另一个人，都有点儿不敢随便说话了。

随后，他的身高也一下子蹿了起来。以前他是班里的中等个子，现在一下子变成了高个子。还有几个男同学也和他一样，身体一下子高出了好多。

涨潮觉得自己现在的身高、体重、体能、耐力都大大超过同龄男生，声音也变得更加低沉，还长出了淡黄色的腋毛，嘴周围也有淡淡的胡须了。

妈妈告诉涨潮，这些身体的变化都是正常的，说明他长大了。涨潮也发生了心理变化，他觉得自己更像一个男人了。

男孩的身体发育虽然有规律，但并不意味着每个男孩的身体发育都会像一般规律那样及时出现。由于生活环境、遗传等因素的影响，男孩的发育可能或早或晚，发育的速度可能或快或慢，这都是正常的，妈妈要让男孩做好心理准备。

当然，发育是否正常，也有一个判断标准，那就是，看男孩有没有在9～18岁进入第二性特征发育阶段。如果过早或过晚，就说明发育出现了问题，要带男孩及时咨询医生。

在这三个阶段中，第二阶段的变化是最大的，带给男孩的冲击也最强。这个时期，男孩的心理发生变化，情绪也很不稳定。

妈妈要多体谅男孩，在给他补充身体发育所需要的营养的同时，也要给他精神上的支持和安慰，让男孩顺利度过青春期。

在认识到男孩身体发育的三个阶段后，妈妈也要转变自己原本的思想观念，协助男孩完成自己的成长。

◎ 幼稚阶段要让男孩充分发挥天性

男孩的幼稚阶段，即 0 ~ 10 岁这个阶段，也是儿童期。此时男孩心理不成熟，缺乏稳定的情绪体验，意志力很薄弱，也没有社会经验。男孩在这个阶段大体上处于懵懂、幼稚的状态，对世界充满好奇，有各种探索欲望。这时，妈妈要给男孩充分探索的自由，发挥男孩最大的天性。

此阶段男孩的身体处于一个快速的生长期，除了性特征外，各项功能都在增长，体重和身高是最明显的变化，脑、心、肺、胃等器官也会进一步发育。男孩每天都会发现新事物、学到新东西。这就是男孩社会化的第一步，从一个自然人转变为一个社会人。

◎ 青春期要加强性心理教育

第二个阶段就是男孩的青春期。这个阶段男孩的性器官开始发育，第二性征渐渐明显。这个阶段男孩的身体和心理变化最大，妈妈要加强对男孩的性心理教育。

陈高轩现在上初中了，个子长得很快，还长出了一些淡淡的胡须，喉结也出现了。他对于自己的这些变化感到很困惑。

妈妈发现了儿子的苦恼，便主动来和他谈心。妈妈告诉他第二性特征发育的知识，告诉他这是走向成熟的表现，还教他如何面对异性。

陈高轩有了与妈妈的及时沟通，现在能够坦然面对身体和心理的青春期变化了。

青春期是每个少年都要经历的，妈妈要加强对男孩的性心理教育。要让男孩学会坦然面对第二性征的变化。此时男孩身体发育的速度要超过心理发育的速度，妈妈要加强男孩的性道德意识，帮男孩顺利地度过青春期。

◎ 男孩发育过早或过晚都要及时就医

男孩从小到大的身体发育都会遵循一定的规律，但是由于现在生活水平的提高、生活环境的变化及遗传因素等原因，在个体发育上会出现一些差异。

如果男孩在8岁以前，第二性征已经开始发育，或者在18岁以后，还没有开始第二性征发育，都属于不正常的情况，要及时去就医。

现在的生态环境恶化、饮食不健康、家居环境受污染，都可能引起男孩身体发育的异常变化，如一些男孩出现性早熟的现象。

妈妈要正确了解和认识男孩身体发育的各个阶段的变化，及早发现男孩成长的异常情况，以免造成终生的遗憾。

◎ 成熟阶段要给男孩更多自由

男孩走过青春期，就步入了成人阶段。此时男孩的各项身体发展都达到成人水平，心理也在渐趋成熟。妈妈在此阶段要学会放手，让男孩的独立性得到充分施展。

张林刚现在上大学了，开学时妈妈就对他说："现在你是一个大人了，要学会照顾好自己，妈妈就不多管你了。"

张林刚点点头，对妈妈说道："你放心，我会好好学习的，争取早日实现自己的社会价值。"

张林刚积极地参加各种社会实践活动，努力学习科学文化知识，一年下来，他发现自己比以前更成熟，更能融于社会了。他喜欢这种长大了的感觉。

男孩走过青春期后，身体也就渐渐地停止发育了。这个阶段，妈妈要学会放手，只有这样，男孩的独立性才会得到更快发展，从而使男孩真正走向心理的成熟。

知道男孩的心理朝哪个方向发展，才好正确引导

妈妈对男孩进行教育和引导时，首先必须对男孩的心理有明确的了解。只有了解男孩的心理，才知道男孩的内心会朝哪个方向发展，才能更好地对男孩作出引导和帮助。

一把来说，男孩从心理上可以分为早熟和晚熟两类。当男孩遇到生理和心理变化时，由于心理成熟程度不同，需要妈妈给予不同程度的指导。

同样一件事情，与早熟的男孩相比，晚熟的男孩可能会受到更多的困扰，心理承受的冲击也会更大，这需要妈妈多加注意。

但是，在现实生活中，一些妈妈完全不懂得聆听男孩内心的想法和诉求，仅仅根据个人的意愿和想法进行强制性的指引。

还有一些妈妈，虽然尝试着去了解男孩的心理发展规律，但是却没有出手相助，发挥指导男孩的作用，甚至让孩子陷入迷茫之中。

妈妈这样的行为，且不说对男孩的发展无益，甚至会对男孩造成恶劣的影响，让男孩的心理发展更加紊乱，陷入更加糟糕的境地。

所以，妈妈要想真正发挥自己的作用，就应该去了解男孩的内心，提

供相应的帮助,这样才能称得上是合格的妈妈。

吴磊是一个非常调皮、捣蛋的小男孩,虽然他很想多交朋友,可是其他小朋友都不喜欢和他玩,这让吴磊很烦恼。

事实上,吴磊变成这样,是妈妈教育失当造成的。吴磊的妈妈由于工作繁忙,很少关心吴磊的心理以及个性发展,更不用说给予适当的引导和帮助了。

妈妈引导的缺失,使得吴磊的个性发展更加散漫,心理越来越偏执,也越来越调皮和捣蛋。

妈妈需要知道男孩内心的发展方向,了解男孩内心的需要以及内心的想法。只有全面了解男孩的内心,才能更好地帮助男孩进行提升,才能有针对性地对男孩进行引导和帮助,真正使男孩得到提升和发展。

妈妈平时可以多看书、多听讲座,做到对男孩的心理现状以及发展趋势有一个正确的认知,从而对男孩的教育也会有的放矢。

◎ 建立和谐的家庭氛围

男孩在成长过程中,需要一个非常和谐的家庭氛围。只有在这样的环境中成长起来的男孩,才更加愿意向妈妈吐露心声,才能让妈妈了解自己的心理变化。

李亮斌的家庭是一个非常和谐的家庭。妈妈是个很温柔的女性,为儿子建立了一个充满爱的家庭。家庭中的成员,无论谁有困难或者心里有什么困惑,都会说出来一起进行商讨。

也正是这样的家庭环境,使李亮斌从来不在妈妈面前隐藏自己的心思。遇到任何困难,李亮斌都会第一时间找妈妈倾诉。

可见,一个和谐的家庭氛围,对男孩的成长是非常关键的。在这样的家庭环境中,男孩也更愿意对妈妈袒露心声,说出内心的想法,使妈妈能够更好地为自己作出正确的指引。

◎ 与男孩进行沟通与交流

在现在的生活中，可能很多妈妈很少有时间与自己的男孩进行沟通和交流。妈妈应该增强与男孩之间的沟通与交流，只有如此，才能知道男孩的内心，给予恰当指导。

每天不管什么时候回来，回来得是早还是晚，妈妈做的第一件事就是跑到金吉胜的房间，向他询问一天的生活情况。金吉胜也习惯了这样的方式，每天都将当天的事情告诉妈妈。

由于每天交谈，妈妈能够清楚地了解金吉胜目前的状况，了解儿子的心理发展趋势，并给儿子提供正确的意见和建议。

所以，作为妈妈，应该对男孩有清楚的了解和认知，不管怎样，都应该抽出一定的时间与男孩进行沟通和交流，帮助男孩不断提升和进步。

◎ 注意观察男孩的日常行为

男孩在不断地成长，各方面也在不断地发生变化，尤其是男孩内心情感的不断发展。所以，只有妈妈注意观察男孩的日常行为，了解男孩情感的发展方向，才能针对男孩的情感变化作出正确的指引。

杨文树的妈妈就是一个非常细心的妈妈，杨文树的任何变化都不会逃脱妈妈的法眼。只要杨文树有任何的异常，妈妈都能够很快地发现，并给予指导和帮助。

有一次，杨文树刚从学校回来，就钻进自己的卧室去写作业，而不是像往常一样先吃点零食。妈妈注意到了，猜测儿子的心情可能不太好。

果然，杨文树对妈妈说："今天我的数学没考好，心里很难受。"妈妈安慰了他，并鼓励他好好学习。

所以，妈妈应该对男孩每一个细节的变化留心，帮助男孩解决所遇到的困难，指引男孩朝正确的方向前进。

了解情绪特点，为解决情绪问题做准备

“男儿有泪不轻弹”的传统观念，无形中剥夺了男孩哭泣的权利。因为是男孩，所以必须坚强；因为是男孩，所以情绪表达被忽视了。

男孩也会有各种情绪，妈妈不能忽略他们的情绪变化。儿童心理学家说：“孩提时代，男孩比女孩更容易精神抑郁。”因此，理解男孩的情绪表达方式，是妈妈的必修课。

心理学家认为，妈妈允许男孩通过语言将自己积极的、消极的情绪表达出来，是对男孩心灵的最大保护。

一位儿童行为学家发现，一个4岁左右的男孩心情不好时，会出现懒散、嗜睡的现象。此时，他对任何事情都兴趣不高，严重时还会突然对周围的人或东西痛斥、猛击。男孩有丰富的情感世界，他们虽表面上大大咧咧，内心却十分脆弱，很容易受到伤害。

董庆华最近几天一直闷闷不乐，心情很糟，像个小大人一样，总在自己的屋子里走来走去，沉默不语，最喜欢的小汽车也几天没碰了。

由于他比较听话、顺从，妈妈让他吃饭，他就吃饭，让他睡觉，他就睡觉，因此，妈妈也没留心他的异常。

妈妈去幼儿园接董庆华时，老师告诉她："董庆华上课时突然在教室里大吼了一声，把大家都吓了一跳。"老师还问妈妈："董庆华是不是受了什么刺激？"妈妈茫然不知。

妈妈回家后，委婉地询问了儿子后，才明白原委，原来他最好的朋友小兵最近和强强关系特别好，不理他了。妈妈这才恍然大悟。

男孩不像女孩，他们不擅长通过语言、哭泣等来表达自己。男孩体内的睾丸素，让男孩更喜欢通过运动、打斗等剧烈的身体活动来发泄情绪。男孩也时常用伤害自己的方式，如用头撞墙等来表达激动的情绪。

有不少男孩，因为本身性格内向、懦弱，害怕做错事情受到妈妈的责备和惩罚，不敢和妈妈沟通；有的是因为妈妈没有时间和自己交流，缺乏沟通的机会；有的是男孩的叛逆心理强烈，不喜欢和妈妈沟通。

久而久之，男孩的消极情绪得不到合理地发泄和化解，累积到一定程度，会变成男孩的对抗情绪，给男孩和家庭带来损害。

然而，妈妈常忽略了男孩的情绪。当男孩沉默了，闷闷不乐，做事没兴趣时，妈妈就会误认为男孩就是这个样子。许多男孩在被忽视中变得自卑、脾气古怪、暴躁，而妈妈却不知道原因何在。

在男孩的成长过程中，妈妈要密切关注男孩的情绪和表现，帮助男孩找到合适的宣泄途径，让男孩在表达自己的同时，释放不良情绪，使身心健康地成长。

◎ 了解男孩沉默的原因

男孩不善于用语言表达情绪。男孩开始沉默，就表示他的情绪有波动了，妈妈要用心观察，别让男孩被负面情绪所包围。

李成军性格开朗、成绩优异，马上要选新的班委了，李成军想竞选班长，可班主任却钦点了另一个同学当了班长，这让他很难过。

妈妈回家后，发现儿子沉默寡言，马上过来亲切地询问。知道了事情的经过后，妈妈说："班委竞选应该民主投票，老师这么做不对。你别为此难过了，妈妈相信你的实力。"

李成军向妈妈陈述了自己内心的愤怒、委屈，妈妈用心倾听着，不时地开导他。李成军跟妈妈聊完天后，心情平静了，不再计较，还是用心、快乐地学习。

在男孩的情绪表达中，有一种方式叫沉默。妈妈不要因工作忙而忽略这个细节，及时给予男孩关注和引导，就可以将男孩的坏情绪早日驱除，让男孩重新平静、快乐地生活。

◎ 理解男孩的喊叫、发脾气

男孩喜欢用大喊、大叫、发脾气的方式来发泄情绪。如果儿子又在发飙，妈妈别生气，更别在此时训斥、制止他，让他好好发泄一回，过后再和声细语地与男孩谈心，会达到更好的教育效果。

今天有一场重要的篮球赛，李迪十分兴奋，走路时都是跳着走，他想好好大战一场。可是，下楼梯时，他激动地一跃而下，结果一下扭伤了脚。李迪的心情顿时从顶点降到冰点，他又气又恼，狠狠地用拳头砸墙。

放学后，李迪失落地回家了，妈妈看他脚扭伤了，赶紧问："哎呀，你打球不小心扭伤脚啦。"李迪听到"打球"二字，大吼一声，冲进了屋子。

妈妈吓了一跳，赶快跟上儿子，听到儿子在屋里又大叫了几声。妈妈知道，他肯定遇到烦心事了，便决定给他空间让他发泄。

男孩体内的睾丸素，让他们在受到刺激时，比女孩更易怒，更需要发泄。男孩更爱用身体的冲撞、大吼、大叫等来发泄情绪，妈妈别害怕，也别批评、制止男孩发“疯”，让他自由地发泄吧，发泄过后，男孩可以找回内心的平静。

◎ 允许男孩自由地哭泣

男孩小时候因为伤痛哭泣时，妈妈别责备他。男孩哭泣了，说明他的情感处于最脆弱、最需要安慰的时刻，此时，妈妈要允许他哭泣。

王浩一进门就哭了，他对妈妈说：“我被狗咬了一口。”说完就呜呜地哭了起来。妈妈赶紧帮他为伤口消毒，对他说：“你别紧张，妈妈来帮你。我们赶紧去打针。”

在去医院的路上，王浩的眼泪没有停：“妈妈，我不会死吧？”妈妈安慰他：“怎么会呢？现在的疫苗效果很好，你不会有事的。”

听妈妈这么说，王浩马上停止了哭泣。

男孩和女孩相比，行为的目的性更强。他向人哭诉，是希望对方能给予他真正的帮助，急切地想寻求解决问题的方法，并不只是想获得心理上的安慰。妈妈应该给予男孩及时的帮助，让他顺利渡过难关。

冒险是男孩永远的追求，妈妈一定不要阻止

大胆、敢闯、经得起风雨的男孩，才是真正的男子汉。妈妈要培养男孩的勇敢精神。

古希腊的哲学家柏拉图说："在所有的动物之中，男孩是最难控制和对付的。"主要原因是从襁褓期开始，男孩体内就有远远大于女孩的雄性激素分泌，他们更需要一些冒险的行为去释放自己的能量。

对于男孩来说，冒险是他们生活的基本内容之一。没有冒险精神，就不会体会到冒险对生活的意义，也不会享受到成功的乐趣，自信心也不会培养起来。在生活中，冒险的范围很广，包括改变自己的固有行为，是否敢于尝试新事物等。

林展平的妈妈带他去娱乐场玩。看到其他小朋友在荡秋千，林展平也很感兴趣。等待了几分钟后，终于空出了一个秋千。

妈妈把林展平抱到秋千上，等他坐稳后，便轻轻地晃动秋千。这可让林展平害怕极了，立刻哇哇大叫起来。

林展平要求妈妈把他放下去，妈妈觉得这是锻炼他冒险精神的好机会，对他说："你抓住两边的绳子，就不会掉下去了。"林展平听见妈妈这样说，竟然吓得哭了。

妈妈没办法，只好把林展平抱下来。在看到其他游戏的时候，林展平也不敢再玩了，吵着要回家。

探索、破坏是男孩的天性，他们喜欢自己制造玩具，喜欢破坏家里的各种小家电，喜欢去做很冒险、很刺激的事情。童年的众多体验，不仅可以丰富他们的知识、锻炼他们的品质，更会让他们在冒险中体会什么是真正的男子汉。

冒险的精神，是男孩在竞争过程中应该保持的一种积极的进取心，可以激发男孩的最大潜能，取得更出色的成绩。如果男孩不具备冒险的精神，就很难取得进步，也就难以享受更美好的人生。

冒险的过程中，男孩会接触到自己之前没有接触过的事物，学到之前没有学过的知识，从而增加了男孩对新鲜事物的体验和认识，帮助他们更清楚地看待社会。

妈妈千万别压制男孩的冒险欲望。妈妈要意识到，这些冒险行为的背后，往往隐藏着男孩的创造潜能以及一些不为人知的天赋。妈妈否决、批判了男孩的破坏，也就轻易扼杀了男孩的天赋潜质。

◎ 理解男孩的冒险行为

男孩的冒险行为，是他们探索欲望的体现。他们需要广阔的空间和自由的行动，依靠不断地冒险来促使自我发现、自我认同和自我肯定。因此，妈妈不要束缚男孩，要理解男孩的冒险行为。

妈妈见到梁奋的时候，他正把自己的手向插座里伸，妈妈立即过去制止了他的行为，问孩子："你想做什么啊？"梁奋说："我想看看里面有没有电。”

妈妈说：“你有冒险精神和好奇心是很好的，不过妈妈有更好的方法，你想知道吗？”说完，妈妈拿来了电笔，让他把电笔插入插座，结果电笔上端的灯亮了。

梁奋开心地跳了起来，妈妈趁机告诉他基本的用电知识和安全常识。

妈妈需要在不干涉男孩自由的前提下，尽量保护他的安全，并且相信和鼓励他天生的好奇心。同时，鼓励他们多参加体育运动，多在户外活动。各种感官综合的体验，会带给男孩更健康的心智发展。

◎ 让男孩为自己的事情操心

衣食无忧、万事不用自己操心的男孩，会缺乏冒险精神，缺乏使命感。妈妈的溺爱，让男孩逐渐喜欢稳定的生活，但是这样会压抑他们的本性，难以发挥男子汉的气质，使他们变成软绵绵的“软弱虫”。

冒险对于男孩来说并非坏事，所以，妈妈要减少对男孩的溺爱，鼓励男孩去独立做事、去挑战自己。可以从生活中的小细节出发，来锻炼男孩的冒险精神，如让男孩尝试去换灯泡等。

◎ 引导男孩尝试新鲜事物

单调无聊的重复生活会腐蚀男孩的心灵和进取心。积极尝试新鲜的事物，会使萎靡不振的男孩重新恢复生活的勇气，把握生活的主动权。但对于不太适合某个年龄段尝试的新鲜事物，妈妈要劝男孩放弃。

李广一直很想挑战蹦极，可妈妈说蹦极对心脏的刺激太大，而他年纪太小了，不能玩这个游戏，可是李广一点都不听。

妈妈知道劝说无用，便找来了蹦极的相关资料，上面有年龄限制，还让他看了蹦极后人体受到冲击产生的各种变化。

面对这些，李广决定暂时放下蹦极的念头。

对于男孩能尝试的新鲜事物妈妈要创造机会，但不要将具体的细节对男孩讲清楚，否则就会让男孩失去体验感和冒险的刺激感。符合男孩年龄的游戏和活动，可以鼓励他们尝试。

◎ 培养男孩的创造性思维

现在学校的应试教育方式，束缚了男孩创造性思维的发展，所以，妈妈可以在激发男孩的求知欲和创造欲的同时，启发他们的冒险精神。

在家庭教育中，妈妈不要用现成的答案和传统的教育模式来限制男孩，要鼓励男孩坚持探索。

此外，还应该培养男孩的坚韧个性，培养不服输、敢于尝试的男孩，这样他们会更喜欢冒险，也会在冒险中获得更多的成功机会。

◎ 从冒险中发现男孩的天赋

男孩的冒险行为后面，隐藏着许多天赋，例如创造能力、思维能力、动手能力等。妈妈要善于观察男孩的冒险过程，从中发现男孩的天赋，然后通过正确引导，使男孩的特殊才能展现出来。

不破坏男孩的探索性应该是妈妈的教育起点，终点是挖掘男孩破坏行为背后潜藏的天赋。男孩毕竟还小，他无法察觉出自己的破坏行为背后有什么秘密。妈妈要做男孩特殊才能的发现者，并为男孩提供条件，将他的天赋引导出来，变成他的特长。

男孩都是“小英雄”，妈妈要笑着对待

每一个男孩都想做英雄，都希望被人崇拜。爱打抱不平，爱管闲事，见不得人欺负弱小，正是男孩英雄情结的表现。

男孩喜欢打抱不平，几乎是一种本能反应。只要男孩的天性没有过分被压抑，在任何场合下，他们路见不平时，都有拔刀相助的冲动。

每个男孩都有英雄情结，他们总幻想自己是“小超人”，身怀一身绝技，能够帮助弱小、扶危济困，与恶势力竞争，成为人们心目中的英雄。

吴凯乐回家后，妈妈发现他的脸受伤了，惊奇地问他：“谁干的啊，抓了你这么几道红血痕？”吴凯乐低着头不说话。

妈妈把声音放柔和，对他说：“没事，妈妈就是问问，没有怪你的意思。”吴凯乐便仔细跟妈妈讲了事情的经过。

原来，同学刘超下课时把陈霞的书扔在了地上。陈霞平时最怕刘超，吓得直哭。吴凯乐看不过去了，就走过去帮陈霞捡书。刘超看不过，便把吴凯乐的脸抓伤了。

妈妈听完后说："原来你在帮助人啊，这是好事啊，妈妈觉得你真像个小英雄。如果能耐心说服，或者找老师评理，可能会更好点。"

吴凯乐点点头说："我知道了，你可别让爸爸知道我和人打架了，他不喜欢。"妈妈点头答应。

由于年龄和阅历的缘故，男孩无论在身体上还是心理上，都不能如愿地施展英雄抱负。所以，现实中，男孩的英雄梦想难以实现。他们常常觉得自己很弱小，希望得到安慰和激励，并希望有一些勇敢的举动被承认。

同时，男孩的英雄情结也会转移到对某些偶像的崇拜上，它们可能来自男孩看的动画片或动漫书，如铁臂阿童木、机器猫、动感小超人、奥特曼等，这类英雄偶像正义、勇敢、智慧、仗义，具备一种积极向上的精神，圆了男孩的英雄梦。

这类英雄形象，为男孩营造了一个天真、幻想的世界，帮助男孩实现了一个又一个英雄的梦想，深深打动了男孩的心，让男孩为他们而狂热、痴迷。妈妈开始担忧，男孩会不会因为痴迷而误了学习？会不会有暴力倾向？其实这种担忧是没必要的。

男孩心中有一个鲜明的英雄形象，他在男孩眼中伟大、神圣，没有缺点。妈妈正好可以利用男孩的这种英雄崇拜情结，培养男孩勇敢、坚毅、正义的优良品质。

◎ 认同男孩的英雄行为

男孩因为英雄情结，常常会打抱不平，做出一些打架斗殴类的事情。妈妈可能会觉得这是一种暴力倾向，对男孩进行批评、指责，其实这完全没有必要。

男孩想当英雄，妈妈要适当满足他的这种心理，表扬男孩正义、勇敢的行为，提供让男孩当英雄的机会。

刘乐山的邻居佳佳是个残疾小姑娘，有严重的畸形腿，走路时像鸭子一样。周围的一些男孩总喜欢欺负她，常常趁她不注意从后面推倒她。

有一天，刘乐山撞见这种情形，二话没说，冲上去就跟他们打了一架，还大声说："以后谁再敢欺负她，我就和谁没完。"

佳佳很感激刘乐山，那些男孩也怕了刘乐山，毕竟他要大一些。妈妈知道后，没有责备他打架，反而夸他是个小英雄。

其实许多男孩也知道打架不好，也在尽量压抑以打架做英雄的冲动。妈妈可以教他一些其他方法，例如团结众人的力量，运用群体压力让恶势力屈服，找更权威的人士进行管教等。男孩多掌握一些处理方法，才能用正确的方式表达自己的英雄情结。

◎ 为男孩心中的英雄形象把关

每个男孩心中都会有一个崇拜的英雄，他可能来自现实生活，也可能来自影视、书籍等。妈妈应帮他把关，确保他的偶像是值得崇拜的，是一个真英雄，而不是一个伪英雄。

周荐任刚上小学一年级，很崇拜六年级的文宣，因为他特别会打架，可以以一敌三，学校的很多男孩都怕他。周荐任常对妈妈说："文宣真厉害，我要能像他就好了。"

妈妈知道文宣的事情，也听说他因为打架被学校记过处分，只要听儿子说文宣，她就马上告诫道："真正的英雄不是打架打出来的。他虽然厉害，却没人尊重他，只是怕他。"

妈妈说的次数多了，周荐任提起文宣的次数也越来越少。

妈妈要告诫男孩，英雄必须代表正义，不能代表邪恶。英雄是正义、勇敢、智慧的化身，只有那些打抱不平、见义勇为的人，才配称英雄。只会打架的男孩并不是真正的英雄。

◎ 鼓励男孩向真正的英雄学习

妈妈要挑选一个真正的英雄来感染、影响、打动男孩，允许他对这类英雄崇拜，并鼓励男孩向英雄学习。

张澎跃平时不太懂礼貌，总是不喜欢跟人说“谢谢”，撞了人也不说对不起。妈妈知道他特别喜欢阿童木，妈妈看到影片中的阿童木犯了错会向人真诚地说“对不起”，就对张澎跃说：“阿童木是个人英雄，你看他也能礼貌地认错，大家没有嘲笑他，反而更尊重他了。”

张澎跃认可了妈妈的观点，此后，他一心向阿童木学习，包括做一个懂礼貌的孩子。

男孩身上有许多缺点，妈妈要利用他的英雄崇拜心理，找出偶像身上的优点，让男孩主动学习并改正自己的缺点。男孩在偶像的带动下，能够迅速地改正不足之处。

越竞争，越强大；越竞争，男孩也越上进

社会需要发展，当然离不开竞争。事实上，在人类的任何领域，竞争都是不可避免的。每个人都生活在激烈的竞争当中，也是由于竞争才得以生存下来的。

达尔文的生物进化论认为“物竞天择，适者生存”，我们人类之所以能够生存下来，就是由于我们在物种的竞争中获得了胜利。因此，竞争是人的天性，也是每个人必须具备的做人习惯。

在男孩的世界里，他们更在乎“谁是头”，“头”是男孩的行为标准，是男孩内心的竞争对手。每一个男孩都希望能够做一个“头”，这种竞争心理促使男孩要做“第一名”。

每个男孩都想做“头”，每到一个新的地方，男孩们最想弄明白的问题就是谁是这一块的“头”。

男孩通过观察、了解“头”，明白在这一领域，做一个“头”要具备什么样的标准，并暗暗下决心，希望自己能够超越他。

男孩的竞争心理如果恰当地应用，能促使男孩不断激励自己前进。但是，生活中的“头”只有一个，想当“头”的男孩却有很多。

如此一来，必定会有很多男孩不是头，他们容易扭曲竞争心理，采用一些不公平、不正当的手段对付竞争对手，所以，男孩间的暴力事件更多。

王东升刚上初中，他平时见义勇为，结交了不少好朋友，大家都爱围着他转，让他很有成就感。新一届的班委竞选开始了，王东升想竞选班长，就鼓动他的朋友们为他拉票。

王东升最大的竞争对手是陈勇，陈勇品学兼优，除了人际关系外，其他各方面都比王东升优秀。王东升便开始四处散播陈勇的坏话，说他是假清高，只关心自己，不关心同学。

竞选开始了，陈勇在演讲中表示，如果当选，会为大家做哪些事，很贴近同学的心，他的得票一下子就蹿上来了。

结果很明显，陈勇因品学兼优，愿意为大家服务，被选为班长。王东升为此很生气，他趁陈勇独自回家，就约了一帮朋友打了他一顿。

虽然老师严肃批评了他，但王东升还是觉得很解气。从此，他的任务就是和陈勇作对。妈妈知道这件事情之后，很头疼。

男孩在年纪小时，是非观、人生观都还不成熟，很容易为了成功、为了做“头”，做出许多坏事来。男孩违反规定、触犯法律，甚至考试作弊，都和这种不正常的竞争心理有关。妈妈要做好引路人，千万不要让男孩误用了竞争心理。

竞争有好坏之分，只有通过正当的途径获得的胜利才值得骄傲，自然界和人类社会都不可能承认那种投机取巧的胜利。在自然界，也许有一些应该淘汰的物种侥幸生存了下来，但也会在下一轮或者下下一轮的物种竞争中被淘汰出局。

在社会上竞争也是如此，依靠投机取巧的不正当竞争获得的胜利只是暂时的。因为竞争无处不在，也永远不会停止，不合格的人最终会被黄牌请出局。

一个成熟的男孩，会把这种想做“头”的心理演变成积极追求进步的力量。而一个年幼的男孩，为了做“头”，常会图一时之快，做出让自己和他人都痛苦的事情。妈妈应理解男孩的竞争心理，给男孩指出一条健康的竞争之路，让男孩真正实现做“头”的愿望。

◎ 给男孩一些做“头”的机会

男孩喜欢做“头”，哪怕是一个小小的卫生督促员，也能让男孩兴奋不已。同时，男孩为了做好“头”，会变得更加积极上进。

赵普信的妈妈规定，星期天这一天，由赵普信来“当家”。赵普信要负责这一天的家务，让它正常运行。家里一切大小事务，都应该向他汇报，由他做出点评。他像个小领导一样，一会儿去看看妈妈饭菜准备得怎么样了，一会儿去看看爸爸的卫生做得怎么样了。

赵普信也有任务，他也要努力做好分工的家务。妈妈总会问他：“小当家的，快来看看我做得怎么样。”赵普信就会马上去视察。一天的任务完结后，赵普信会对表现好的人进行表扬。

男孩在当了“头”之后，会更加全心全意地把自己的工作做好。妈妈也正好利用这个机会，鼓励男孩自理、自立，让他多一些动手的机会。

虽然男孩给出的意见未必合理，但是，男孩会觉得能当“头”，自己就被重视了，生活热情也会提高。

◎ 不要挫伤男孩的竞争积极性

男孩会始终让自己处于竞争状态中，无论他是否取得了成绩，妈妈都要给予赞扬，不要轻易打消男孩的积极性。男孩愿意与人竞争，而且是正当竞争，没有耍花招，妈妈也应给予夸奖。

赵明喆刚5岁，但他常和妈妈说："我今年要得十朵小红花，我一定要超过刘军。"妈妈每次听到他讲目标，都会鼓励他说："在妈妈心中，你是最棒的，一定可以战胜对手。"

一天，赵明喆高兴地对妈妈讲："今天我得到小红花了，刘军一朵也没有。"妈妈立刻鼓励他："那你又超过了他一次，今年拿红花的总数肯定会超过他。"

妈妈常犯的一个错误是，当男孩兴高采烈地对妈妈说自己进步了时，妈妈却抱怨他进步得不够，而给他提出更高的目标。妈妈的行为常会打击男孩的竞争意识，让男孩不愿再进取。

◎ 鼓励男孩通过竞争赢得胜利

男孩的竞争心理也就是喜欢争强好胜，如果妈妈巧妙运用，不仅能调动男孩的积极性，还能帮助男孩改掉一些坏毛病。

郑奇逸的屋子里乱乱的，妈妈想让他收拾一下，他却说："乱点好，看着也挺舒服的。"妈妈灵机一动，对他说："我们来个比赛吧，我整理我的卧室，你整理你的，我敢打赌你肯定没我干得好。"

郑奇逸一听就来气了，说："不可能，我只是不愿意做，要是我来做，肯定不会输给你。"比赛开始了，妈妈故意放慢速度，而郑奇逸干劲十足。最终，他战胜了妈妈，十分开心。

正因为男孩有强烈的竞争意识，所以有时妈妈适当地"激"他一下，能够激起他的斗志，让他自觉地把事情做得更好。

男孩都是“破坏王”，尊重他的探索心理

男孩天性好奇，更富于探索精神，这是他们认识世界的途径。妈妈不要轻易扼杀男孩的探索欲望。世界充满好奇与诱惑，探索能激发男孩的潜力，让他更好地发展自己。

许多妈妈认定，自家的男孩是纯粹的“破坏大王”，提起他破坏的糗事，似乎总也说不完。在妈妈眼中，男孩似乎永远不“老实”，他们喜欢寻根问底，喜欢改装玩具，喜欢拆各种家庭用品，而这些，都是男孩探索心理的表现。

男孩和女孩相比较，他们的好奇心更强，更喜欢拆卸玩具，想彻底地弄清楚它是什么。男孩这些看似破坏的举动，常常为他们招致妈妈及师长的责骂。其实，这是对男孩的误解。因为与女孩相比，男孩的探索心理更强烈，更擅长于拼装各种三维物体，而且速度快、出错率低。

钟坤家来了好多客人。表妹看上了他的积木，她细心地按着图纸上的模型，做着一个房子的造型，就在她准备加最后一个屋顶时，钟坤走了

过来，说："你这个太没有想象力了，看我的。"说完，就一把把她搭建的房子推倒了。

钟坤看着桌子上的积木零件，马上开始动手"搭建"。不一会儿，一座奇形怪状的房子搭成了。钟坤对表妹说："你看，这是我给你盖的宫殿，漂亮吧，送给你了。"

表妹看着怪怪的房子，说："你弄错啦，图纸模型上不是这样子的，真丑。"钟坤听了说："模型上的我早就会啦，这个是我自己想的，我觉得更漂亮。"

表妹不依，伤心地哭了起来。正在忙碌的妈妈听到哭声，认为是儿子闯了祸，生气地训斥了钟坤几句，钟坤委屈得直想哭。

男孩的心理特征，导致了他更喜欢"破坏"。男孩的自我控制能力比女孩弱，而好奇心、探索欲比较强，他会很轻易地选择自己好奇的东西进行"破坏"。而年幼的男孩责任意识不强，容易犯下更多的"破坏罪"。

妈妈千万别压制男孩的探索欲。妈妈要意识到，这些破坏力的背后，往往隐藏着男孩的创造潜能以及一些不为人知的天赋。妈妈否决、批判了男孩的破坏，也就轻易地扼杀了男孩的天赋潜质。

"破坏大王"并不一定是坏男孩，他很可能是未来的大画家、发明家、机械维修师、建筑设计师，"破坏"其实潜藏着巨大能量。

◎ 呵护男孩的好奇心，满足他的探索欲

男孩出于好奇心而搞破坏，妈妈要郑重对待。男孩因好奇痴迷于某种破坏时，妈妈不要过多干涉，只需给予支持，并提供必要的引导就行了。

陈胜斌的妈妈是一名美术老师，书房里常备着颜料、画笔。这天，陈胜斌无意间走进了妈妈的书房，对里面各色的颜料产生了兴趣。

陈胜斌好奇地用水把颜料化开，然后就兴奋地拿起了画笔。他觉得

从书房到客厅的白墙壁不错，就开始得意地在上面画了起来。

晚上，妈妈一走进屋，就被这面“花墙”激怒了，但她忍住了，没批评儿子。第二天，妈妈买了一套儿童绘画用具给他。陈胜斌喜出望外，从此，他就在这些用具上挥洒兴趣了。

如果妈妈没有送给陈胜斌一套儿童绘画用具，而是给了他一顿打骂，那就是错误地扼杀了男孩的“破坏能力”。男孩的好奇心和兴趣点，常反映出他对某些事物更为敏感，这正是发掘男孩天赋的好时机。

◎ 不姑息男孩的故意破坏行为

男孩出于愤怒、撒娇，有故意砸、摔物品的行为，属于故意破坏，这不同于探索心理，是男孩恶劣品质的表现。妈妈此时千万别姑息，要让男孩为破坏承担责任。

张新吃晚饭时，发现妈妈没有为他做“糖醋鱼”，脸色马上就变了。他问妈妈：“为什么没有做？”妈妈解释说：“下班太晚了，鱼卖完了。”

张新又问：“那你怎么不早说啊，害我空欢喜了。”妈妈说：“不是怕你不高兴吗？”张新嚷道：“你现在说，我更生气。”就“砰”的一声把碗扔到了地上。

这是他第三次砸碗了，妈妈不想再原谅他了。妈妈的脸色也冷了下来，低声说：“赶快吃饭，要是不吃，你就饿肚子吧。这个碗的钱从你下星期的零花钱里扣。”

从那之后，张新就主动收敛了自己的行为。

“破坏大王”如果是在恶意破坏，妈妈一定不能纵容他，否则，会让他养成骄纵的坏脾气。妈妈在弄清他破坏的原因后，一旦发现他是恶意破坏，就要让他承担后果。男孩可以选择自己把东西修好，或者购买新物品偿还。

◎ 发掘男孩破坏行为后面的天赋

男孩的破坏性后面隐藏着许多天赋，例如创造能力、思维能力、动手能力等。妈妈要善于观察男孩的破坏，从中发现男孩的天赋，然后通过正确引导，让男孩的特殊才能展现出来。

陈先宇不喜欢汽车、手枪这类男孩喜欢的玩具，他只喜欢玩积木。有一天，他用小刀在妈妈的皮箱上挖了一个个的小洞，说："我在给小兔子建一个卧室和客厅。"

妈妈没有批评他，反而给他买了许多介绍建筑的图书。妈妈还给他买了复杂的建筑积木，一有时间就和他玩搭房子比赛。陈先宇的积木建筑搭建得别有风格，又快又好。

陈先宇对建筑的兴趣日益浓厚，没事就琢磨，当一名建筑师成了陈先宇的理想。

不反对男孩探索性的破坏应该是妈妈的教育起点。

妈妈要做男孩特殊才能的发现者，并为男孩提供条件，将他的天赋引导出来，变成他的特长。

第三章
环境很重要，说得好听不如创造好的沟通环境

谁都讨厌排斥自己的人，要悦纳男孩

任何人都会讨厌和排斥那些排斥自己的人，并且不愿意和那些人接触。就算是妈妈，如果不能全身心接纳男孩，也容易遭到男孩的排斥。

事实上，男孩虽小，却有很强的察觉能力。当他发现妈妈对他不满意，甚至排斥他时，内心就很容易产生不满，对于妈妈的话，也很难言听计从。

我们都知道，不论和什么人沟通，沟通环境都是非常重要的，在安静的室内和嘈杂的市场上，即使两个人做同样的交谈，交谈者的心理和感受也都是不一样的。

但是，这只是外部环境，沟通也需要好的内部环境，这就是交谈双方的内心环境。换句话说，交谈的双方要先接受对方，这样才能让谈话继续下去。

吴峰的妈妈是个苛求完美的人，对儿子的要求也非常严格。有一段时间，由于吴峰无法完成妈妈定下的目标，妈妈便对他冷言冷语。

这一天，吴峰不愿意去学校上课。妈妈听到后，非常愤怒，对吴峰一通乱骂，要求吴峰必须去学校，也不愿意听吴峰的解释。

吴峰去了学校，但很快就被老师送进了学校医务室。原来，老师发现吴峰脸色不对，一问才知道他发烧了。而当老师将这一情况告诉吴峰妈妈时，妈妈表示一无所知。

事后妈妈知道，吴峰感到妈妈不喜欢自己，所以不愿意同妈妈进行沟通。尽管他是因为生病而不愿意去学校，他也不想告诉妈妈。

换位思考一下，当妈妈看到一个非常讨厌、甚至凶神恶煞的人时，估计也很难向这种人敞开心扉，倾诉内心的声音。

所以，妈妈在与男孩沟通前，一定要先接受男孩，不管男孩是优秀还是很糟糕，都要欣然接受。妈妈接受了男孩，这种态度会自然而然地表现出来，并很容易让男孩感受到。

在察觉到妈妈的态度后，男孩就会愿意与妈妈进行沟通，并且愿意告诉妈妈自己内心的想法和诉求。

因此，不管妈妈对男孩有多不满意，有多恨铁不成钢，这些都不是排斥男孩的理由。交谈前，妈妈必须表现出接纳男孩的姿态。否则，就无法进行沟通和交流。

作为妈妈，可以在与男孩的交流过程中，建立良好的沟通环境，完善自己与男孩的交流，更好地促进男孩与妈妈之间的沟通。

◎ 尊重自己的男孩

不管妈妈心里怎么想，都应当尊重男孩。只有给予足够的尊重，才能使男孩愿意与妈妈进行沟通，愿意说出自己内心的想法和思想，才能实现沟通的目的，了解男孩的内心。

王硕是一个很有想法的男孩，做事情也很有主见。妈妈对王硕也非常尊重，每次与王硕交流时，妈妈都会让王硕表达出自己的观点，然后再对王硕的观点进行指导和纠正。

虽然王硕身上有很多让妈妈不满的缺点，但妈妈并没有因此轻视他，妈妈的尊重使得王硕愿意对她敞开心扉，说出自己内心的想法。

所以，在与男孩沟通的过程中，妈妈应该给予男孩足够的尊重。只有给予男孩足够的尊重，男孩才会向妈妈吐露自己内心的想法。

◎ 沟通中妈妈要隐藏内心的喜怒

在与男孩进行沟通时，很多情况下都是因为男孩内心出现了一些问题，或者是犯了一些错误。这些都会引起妈妈的愤怒，也会使妈妈不愿意与男孩进行交流。但是，为了能够更好地帮助男孩进步和发展，妈妈必须隐藏自己内心的喜怒，悦纳男孩，与男孩进行交流和沟通。

吴翔是一个非常调皮的男孩，每次做错事，妈妈都非常生气。妈妈知道自己生气的表情会让男孩更加排斥，不愿意与自己进行内心的沟通，于是，每次妈妈生气的时候，都会压抑自己的情绪，用非常平易近人的语气与吴翔进行沟通。

在看到妈妈这种表情之后，吴翔之前恐惧的内心也变得不害怕了，并对妈妈敞开心扉，表达自己内心的想法。渐渐地，吴翔也不再那么调皮了，也愿意与妈妈沟通自己内心的想法了。

所以，妈妈在与男孩进行沟通之前，应该隐藏自己内心的想法，用平易近人的态度与男孩进行沟通。这样，不仅可以走进男孩的内心，也可以很好地指引男孩前进的道路。

◎ 平等对待自己的男孩

在日常生活中，妈妈出于对男孩的不满意，很容易将气撒到男孩身上，这实际上是一种很不公正的行为，对男孩的伤害也很大。

刘子军的妈妈很懂得平等对待孩子。刘子军的哥哥是一个品学兼优的好学生，而刘子军却是一个成绩非常差的捣蛋鬼。但是，妈妈并没有区别对待兄弟俩，更没有排斥刘子军。

虽然刘子军常犯错误，但妈妈并没有放弃他。每一次，妈妈都耐心地和他沟通，让刘子军知道自己行为的严重性，并鼓励他改正。

正是因为妈妈平等地对待每一个男孩，耐心地对男孩进行指引和教导，才使得男孩能够朝着正确的方向发展和进步。

所以，对于每一个妈妈来说，不应该排斥男孩，而应平等对待。只有如此，男孩才愿意和妈妈沟通，让双方都有相互交流的机会。

妈妈先敞开心扉，男孩才愿意一点点靠近

妈妈与男孩沟通一定要讲艺术，只有先敞开自己的心扉，才能引起男孩情感上的共鸣，从而与男孩建立起一种相互信任的关系，使亲子关系融洽。

妈妈只有向男孩敞开自己的心扉，才能得到男孩的认同，从而促进亲子关系的发展。但中国的妈妈一般很少向男孩透露自己的内心世界，却希望男孩向自己袒露一切。这种不平等的关系往往成为亲子沟通的一道屏障。

事实上，妈妈向男孩敞开心扉，表现了对男孩的尊重和信赖。世上没有完美无缺的人。在男孩面前，以一种轻松的方式接受自己的不完美，不仅让男孩觉得妈妈更亲近，加深亲子之间的感情，而且能把一种坦然、放松的处世态度传达给男孩。

姜天成的爸爸妈妈都是普通的工人，贷款买了房子，生活压力很大，可是姜天成却总是问妈妈要这要那。妈妈觉得孩子小，就节衣缩食地省

钱，尽量满足他的要求。

可是姜天成越来越过分，刚上五年级，就让妈妈给他买一个接近五千元的手机。妈妈觉得姜天成太不懂事，就没有理会他的要求。

可是，姜天成不依了，非要妈妈给他买不可，不买就不去上学。这让妈妈更加生气了，大声斥责了儿子一顿后，便匆匆上班去了。

姜天成很委屈，认为妈妈不爱自己，一气之下离家出走了。妈妈回来后非常后悔，早知道这样，一开始就让他知道家里的经济状况就好了！

妈妈要敞开心扉，告诉男孩自己以及家庭的实际情况，这样，男孩可以理解妈妈的辛苦，也会明白妈妈为什么没有那么多的时间陪他们。

妈妈向男孩敞开心扉，男孩会将金钱和妈妈的辛苦工作联系起来，自觉改掉花钱大手大脚的坏习惯，更加体贴妈妈，也会以优异的成绩报答妈妈。

沟通是男孩成长过程中，妈妈与男孩之间建立良好的亲子关系的重要方法，也是男孩健康成长的不可或缺的环节。而要想建立良好的亲子沟通关系，妈妈只是想让男孩向自己敞开心扉是不行的，妈妈也需要向男孩敞开心扉。

那么作为妈妈，如何向男孩敞开自己的心扉呢？

◎ 态度真诚是沟通的前提

妈妈在和男孩沟通的过程中，要保持真诚。妈妈要客观真实地了解自己的想法、感受以及对生活的计划，并且要真诚地向男孩表达自己的思想和感受。比如，自己的工作遇到困难，可以征求男孩的意见。

蒋温书今年上初三，但是很懂事，和妈妈的关系也很好，妈妈经常会把自己工作上和生活中开心、不开心的事情告诉他，并且态度很真诚。

这次，妈妈想要申请到离家较远的一家公司工作，征求蒋温书的意见。蒋温书说尊重妈妈的意见，并告诉妈妈他可以好好照顾自己。妈妈对蒋温书的真诚，也换得了儿子的理解。

男孩会在妈妈的真诚中获得良好的情感体验，从而加深和妈妈之间的关系，同时也会主动地将自己的真实想法告诉妈妈，有利于妈妈及时发现男孩的问题，提供适时的帮助。

◎ 和男孩分享你的喜怒哀乐

快乐让别人来分享，就多一份快乐，把忧伤告诉别人，就减少一份忧伤。妈妈和男孩之间是世界上最亲密的关系，也是应该一起分享喜怒哀乐的。

如果妈妈向男孩敞开自己的心扉，跟男孩分享自己的喜怒哀乐，那么男孩就会感觉到妈妈对他的信任和尊重，男孩就会更加尊敬妈妈，并且也会向妈妈敞开他的心灵。

妈妈把自己的喜怒哀乐和男孩分享，男孩才会把妈妈当做朋友。妈妈要和男孩保持同样的高度，用向男孩分享喜怒哀乐的方式，诱导男孩说出自己的喜怒哀乐。妈妈把自己遇到的快乐的事、伤心的事和男孩分享，会加深男孩对妈妈的感情，还会增强教育的效果。

◎ 让男孩了解你的工作状况

妈妈应该明确地告诉男孩，妈妈现在做什么工作，工作细节有什么，它对整个社会、国家甚至人类有什么意义，等等。

现在许多年轻妈妈的确都很忙，但花点时间陪陪男孩，和男孩说说自己的工作细节，谈谈工作的酸甜苦辣，聊聊成功的幸福体验，对男孩是十分重要的。

很多妈妈埋怨现在的男孩不知道节约、自私，花钱大手大脚，等等。但是如果男孩不知道妈妈是如何靠辛勤工作给家里挣钱的话，那么他们就不会把金钱与工作紧密地联系起来。

男孩到了上小学的年龄，妈妈就可以把自己如何靠努力工作来谋生、如何创造属于自己的事业的道理讲给男孩听了。

◎ 告诉男孩你的隐私或秘密

很多妈妈都认为男孩太小，很多事情不能告诉他们，尤其是自己的隐私或秘密，并认为让男孩知道了，会是一件很丢面子的事情。

其实不然，如果男孩知道他是跟妈妈共享隐私或秘密的人，他就会更加信任妈妈，妈妈也就能更容易地走进男孩的心灵深处。

◎ 让男孩明白你对他的期望

妈妈对男孩的期望不能过高，过高了会对男孩造成压力和伤害。应该从男孩的实际情况出发，对男孩确立合理的期待。

但是，这种合理的期待，最好也能够让男孩明白妈妈对他的期待并不过分，让他明白妈妈对他的具体期待是什么。

妈妈如果能够做到这些，那么男孩一定也会从妈妈的期待中汲取前进的力量，一定会努力成为一个不让妈妈失望的好男孩。

关注男孩内心的声音，彻底消除代沟

代沟，顾名思义就是两代人认识之间有了隔阂，像一条河沟把相互之间的关系隔开了。而《现代汉语词典》中的解释是：两代人之间由于价值观念、心理状态、生活习惯等产生的差异。

详细说来，就是指男孩在走向社会，认识世界的过程中，背弃了妈妈原有的观点，而有了新的见解而造成的。代沟通常产生于男孩的青春期。

按理说，妈妈与男孩之间血脉相通，生活相依，理应感情融洽，心灵相通。但在现实生活中，总是存在着妈妈与自己的男孩之间的沟通障碍，结果导致矛盾激化，关系紧张。这种现象的存在其实是有必然性的。

吃完晚饭后，就是否要买笔记本电脑的问题，王峰林和妈妈产生了分歧。妈妈说："现在买还有些早，等你真正需要的时候再买吧。"

王峰林不同意了："为什么呢，家里又不是没有钱买，再说，我确实用得着，对学习也有帮助。"

妈妈说："我就猜到你会这么说。家里不是有电脑吗？又不是不能用。再说了，有钱也不能乱花啊，你表哥没有电脑，不也照样考上大学了吗？”

王峰林听到这话后说：“什么观念啊。你看美国人，总是超前消费，享受够了，也把贷款还清了，多好的事啊。你们攒了一辈子钱，还没有享受几天呢，死了，有用吗？”

妈妈说：“你怎么说话呢？”

王峰林不满地看了妈妈一眼：“不说了，我们有代沟。”便返身回自己房间了。

当然，每个现象的存在都有原因。代沟的存在也是由多种原因造成的。

首先，从家庭方面来说，妈妈和男孩缺少沟通，用旧的教育方式来管教男孩难免落伍，什么事情都有一个过程，男孩不能紧跟着妈妈的教育方式，就必然会有隔阂，有代沟。

其次是社会原因，由于社会的急剧变化，两代人之间的经历、受教育水平以及对社会问题的看法不同，都有各自的分析和判断，在面对某个现实问题的时候，两者之间必然存在着差异，于是纷争便不可避免了。

另外，就是男孩的成长原因，男孩随着年龄的增长，最显著的变化就是独立意识增强了，因此就把妈妈的管教放在了一边，拿自己的一套来辩解，这样便可能与妈妈的要求脱节，就容易产生代沟。

代沟的存在，还有很深的危害。妈妈与男孩之间存在了代沟，对于两代人都是痛苦的。一是妈妈用心良苦的教育不会有个好结果，再就是男孩缺少妈妈的教育，思想、情感和行为上在不成熟的心理因素促使下难免出现缺失和偏差，并且容易犯罪，甚至危害社会。

代沟的存在，说明了妈妈与男孩两代人之间的沟通有了隔阂。如果不能及时消除，不但影响两代人之间的感情，还会对男孩的健康成长造成危害。

因此妈妈要根据男孩的性格以及生理段，经常与男孩沟通，有的放矢地对男孩进行家庭教育，最终消除代沟。

◎ 承认并理性地对待代沟

作为妈妈，不得不承认代沟是确实存在的，并且不能就把代沟看作一件坏事。其实深入去想，男孩与妈妈之间有了代沟，正是男孩成长的结果。

同时，妈妈也不要把代沟的存在看作不可逾越的障碍。其实代沟只是两代人之间认知的不同，没有想象的那么严重。

妈妈可以多抽出时间和男孩沟通，了解相互间对不同事物的看法，这样就能增加对彼此的了解，有效减少代沟。

◎ 与男孩平等地交流

男孩与妈妈之间有代沟，就是由于妈妈不能放下架子，把男孩看成朋友。男孩在成长，作为妈妈要时刻看清这一点。这样就能够意识到男孩已经有了独立的意识，能够独立分析和判断，并且有了一定的解决能力，就能够做到尊重男孩的独立性、自主性，从而放下“父为子纲”的观念。

平等地对待自己的男孩，就要与男孩多交流、多谈心。男孩跟妈妈有代沟，就是由于不能谈心。当妈妈能够跟男孩平等地交流后，男孩跟妈妈就会减少相应的隔阂。

◎ 多参与男孩的活动

现在多数妈妈仍然认为，只要给男孩提供良好的生活与学习环境，男孩就能在自己的爱护下好好地成长了，也认为男孩会感受到自己的良苦用心。殊不知，现在的男孩更加看中的是妈妈能够走进他们的生活。

妈妈应该多抽出时间来积极参加男孩的活动，这样，当妈妈融入男孩的世界以后，就能体会到男孩的喜怒哀乐，就能在活动中了解男孩的兴趣、爱好等，掌握男孩的心理状态，势必增进相互之间的感情，从而有效地减少代沟。

◎ 向男孩学习新鲜事物

每个人都不是十全十美的。妈妈在教育自己的男孩时也必然存在着失误和无知，因此，当发现男孩的优点时，要及时给予肯定和鼓励，并积极向他学习。

由于工作需要，李灏京的妈妈需要利用微信进行营销。知道儿子很喜欢玩微信，妈妈便把安装微信的任务交给了他。

李灏京很高兴地帮妈妈下载并安装了微信，还教妈妈如何给别人发语音、如何加好友。看到妈妈虚心向自己请教，李灏京感觉很高兴。

有些妈妈跟不上时代的节奏，导致与社会脱节，更无法了解男孩的世界。在与男孩相互学习后，妈妈可以学习很多新事物，使自己变得更开放；而男孩也愿意了解妈妈的世界，从而有利于减少代沟。

大声说出你的爱，男孩才能知道“妈妈的心”

有些妈妈不善于表达，虽然爱男孩，却难以被年幼的男孩察觉。妈妈爱男孩，一定要主动地表达出来，这样，母爱的阳光才会洒在男孩身上。

也许每一位妈妈都会说，自己是非常爱男孩的。可是也会有许多男孩说：“妈妈一点也不爱我。”原因就在于，妈妈没有主动地把自己的爱表达出来。

在对爱的理解上，男孩和妈妈会有差异。妈妈觉得管教是爱的体现，方式、方法并不重要，只要男孩能够按照自己的预想来做事，就心满意足了。而男孩年纪小，无法体会妈妈的苦心，他们更在乎用言语表达出来的爱。

黄伟诚是个感情丰富的小男孩，他最亲近的人就是奶奶。每天只要一见到奶奶，他就又叫又跳的，欣喜若狂。他会主动向奶奶展示自己今天干了些什么。

但是，黄伟诚与妈妈却一点也不亲，每次见到妈妈回来，连招呼都不愿意打。除了因为他从小在奶奶身边长大外，妈妈的个性也使得儿子与她亲近不起来。

妈妈是公司的中层干部，每天加班、应酬回来很晚，工作压力也很大，很少与儿子交流。再加上妈妈平时对黄伟诚比较严厉，使得黄伟诚也有些怕妈妈。

实际上，妈妈很疼爱儿子，就是不会表达对孩子的爱。

妈妈不会表达对男孩的爱，容易让男孩产生误解，觉得妈妈高高在上，不能亲近，自己很难得到妈妈的爱。男孩对妈妈产生误解后，容易对妈妈的管教产生逆反心理，这样会使亲子关系恶化，也会导致男孩听不进忠言。

最忌讳妈妈用沉默来表达自己对男孩的爱。沉默地对待男孩，就是金子也会被男孩看成黄泥。妈妈想成为男孩心目中的好妈妈，必要的语言沟通是不可少的。

妈妈主动表达出对男孩的爱，能够让男孩体会到母爱的温暖。要知道，母爱是男孩健康成长的最佳营养品。妈妈不主动表达，男孩就体会不到，也无法受益。

◎ 每天至少陪男孩 15 分钟

妈妈要想传达自己的爱，不能缺少和男孩相处的时间，妈妈每天要留出至少 15 分钟的时间单独陪男孩。妈妈在这段时间里，要和男孩多说说话，陪他们玩游戏，或者给他们拟出一个学习计划。

妈妈在陪伴男孩的过程中，要会表达自己的期望和爱，主动、有效地传递爱的信息。如果无法准确传递出对男孩的爱，也无法起到良好的教育效果。

◎ 告诉男孩“我爱你”

语言表达比行动更有效，能让男孩更清楚妈妈的意思。妈妈喜欢用沉默来诉说自己的爱，而年幼的男孩却时常无法体会这种爱。

李文康的妈妈对他很严肃，他常感到妈妈离自己太远。有一次上街，他看到一个男孩和妈妈手拉手，高兴得又跳又蹦。他看着妈妈，很希望妈妈也能和自己很亲近。

妈妈看出来了，便主动拉起李文康的手，和他聊起学习上的事情。那天，李文康可高兴了。他第一次发现，其实妈妈也很亲切，不是那种严肃到不能亲近的人。

从那以后，李文康也会主动和妈妈谈自己的事，母子的关系也越来越好了。

妈妈用语言传达爱意，能更好地收获到男孩爱的回馈。男孩更喜欢直接、清楚的爱意，而妈妈的情感更含蓄，会不好意思把“爱”说出来。

其实，妈妈说出对男孩的“爱”，不仅不会被人笑话，也不会丧失尊严，反而会赢得男孩更多的爱。

◎ 不要总是拒绝男孩

妈妈一次次地拒绝男孩的要求，容易给男孩冷漠、残酷、不可理喻的印象。所以，妈妈要根据男孩的实际需要，满足他一些要求，以缓和亲子关系。

厉明星的妈妈脾气很暴躁，对待儿子也一样。每次厉明星有些小要求时，从来不敢去跟妈妈提，只会和爸爸说，这也成为他家一道奇特的景象。

后来，妈妈发觉到儿子和自己不亲，当儿子再对自己提出要求时，妈妈考虑了一下，一口答应了，并说明了自己答应的理由。

厉明星这才发现，妈妈不是不爱自己，不是喜欢拒绝，只要自己的要求有道理，妈妈也会答应的。

妈妈无法用正确的方式、方法传递对男孩的关爱，只会引起男孩的反感和逆反。很多时候，妈妈是对的，可是在男孩眼里是错的。妈妈要学会直接、主动地表达关爱，不能隐藏，不能拐弯抹角，因为这样只能带来更多误会。

◎ 帮男孩管理好情绪

作为妈妈，要让男孩能有效地传递情绪。如果压抑、限制男孩向自己传递情绪，会不利于母子间的交流。

男孩在向妈妈发脾气时，妈妈要想好解释的理由，为什么男孩的要求无法满足。妈妈不要给男孩留下总是被拒绝的感觉。

◎ 关心男孩的行踪

关心男孩的行踪，传递的就是妈妈深切的关爱。如果男孩每次外出，妈妈都不闻不问，很难相信她是关心孩子的。

李宣每次出门，妈妈都会关切地问一句："你要到哪里去啊？"他告知妈妈后，妈妈还会嘱咐上一句："路上要小心啊。"

李宣回家后，妈妈也会问他事情办得怎么样了。妈妈一问就问了十年，现在李宣十岁了，他很爱妈妈，也觉得妈妈非常在乎他。母子能够友好相处的秘诀就在于"妈妈关心他的行踪"。

小细节能够体现大感情，妈妈对男孩的关爱，在这些小细节上就能够有效地传递。妈妈想关心男孩，可以多关心他们的行踪，这会让男孩感觉到妈妈是时刻记挂着自己的。这份温暖，就能够很好地维系母子间的感情。

男孩的烦恼你要倾听，快乐你要分享

每个人都有与别人分享情感的需要，而男孩在这方面的需要尤其强烈。妈妈要特别关注男孩的心理需求，无论多忙，都应抽空与男孩交流，分享他的喜怒哀乐，与男孩一起笑，一起悲，成为男孩的知己，这是妈妈教育男孩的最高境界。

有些妈妈因为忙而忽略了男孩分享情感的需要，也就等于剥夺了男孩健康成长的养料，阻碍了男孩全面发展的进程，还会由此给男孩造成性格和心理的缺陷。这样的妈妈不管出于什么样的理由，都是不称职的。

章星火是一个成绩优秀的孩子，但性格孤僻、不爱说话。有一次，老师说他有希望考取重点高中。章星火很高兴，回家后把这个好消息告诉了妈妈。

没想到，在他刚开始讲时，妈妈就在那里忙这忙那，听完后也没有什么特别的表示，只是说“知道了”，本来十分兴奋的章星火，看见妈妈这样的态度，心情很低落。

还有一次，章星火考试发挥失常，名次一下拉后了许多，章星火很难受。放学回家见到妈妈后，就想同她说说心里话。

妈妈看见他的神情，就问："有什么事吗？有事就说，没事我还忙着呢。"

章星火听了妈妈的话，知道即便自己说出来，妈妈也不会安慰自己，所以就说"没事"。这样多次之后，章星火的性格越来孤僻。

妈妈不能及时、主动地分享男孩的喜怒哀乐，会使男孩留下严重的心理阴影。现在的男孩都是独生子，他们虽然没有兄弟姐妹，但是他们却深受着几辈人的关注，按理说他们不应该感到孤独。

可是许多独生子在长大后回忆童年时却总是说自己很孤单，这就是因为妈妈没有意识到要分享男孩的喜怒哀乐。

在妈妈的眼里，男孩的喜怒哀乐围绕的是一些不切实际的、微不足道的事情，也是毫无意义的。但是妈妈却从来没有站在男孩的角度想想，事实上他们的喜怒哀乐就是他们生活的全部。

妈妈不能分享男孩的生活，当然就不可能了解男孩，也不可能真正地给男孩想要的东西，妈妈给男孩的爱就不是完整的、真正的爱。

如果妈妈能够及时分享男孩的喜怒哀乐，男孩有苦恼时可以向妈妈诉说，从妈妈那里得到切实可行的建议，那对于男孩来说当然是最好的。男孩有高兴的事情，妈妈也愿意分享，与他们同欢乐，男孩一定不会觉得自己孤单。

妈妈应该走进男孩的生活，分享男孩的喜怒哀乐，与他们共同度过一个愉快的童年。

喜怒哀乐是人之常情，由于妈妈与男孩在年龄、成长环境上有差异，使得许多妈妈不理解男孩的喜怒哀乐，甚至认为男孩成天不切实际。妈妈应该抛弃这种想法，站在男孩的角度，与男孩分享他们在成长中遇到的一切，为他们出谋划策。

◎ 倾听男孩要认真、诚恳

当男孩有高兴的事情了，他需要别人的倾听；当男孩遇到不开心的事情了，他更需要别人的倾听。妈妈要分享男孩的喜怒哀乐，首先就应该学会认真倾听男孩，了解他们喜怒哀乐背后的原因。

男孩与妈妈分享自己的喜怒哀乐，妈妈要用心体验这一切，与男孩一起分担喜乐忧愁，产生心理上的共鸣，而不是不顾男孩的心情，随口应付。否则，与男孩分享的效果将适得其反。

妈妈要和男孩多交流。只有交流，才能倾听男孩的心声，才能鼓励男孩说出自己的喜怒哀乐，才能与男孩一起分享成长。

◎ 经常问问男孩过得是否开心

男孩的学习成绩进步了，妈妈的心里比男孩更开心。但是男孩每天过得是否开心，妈妈却很少关注，她们认为除了学习，男孩的其他思想活动都是微不足道的。

妈妈应该适当忽略对男孩学习成绩的关注，不要每天问男孩学得怎么样，事实上学习知识也不是一天两天的工作，妈妈应该经常问问男孩是否过得开心，男孩在没有烦恼的情况下才能更投入地学习。

◎ 利用非语言沟通引导男孩开口

许多男孩遇到困难或者委屈时，不愿意开口说话，妈妈可以安静地在他们身边陪着他们，给他们一些拥抱，用行动告诉男孩，妈妈愿意与他们分担忧伤。

郑问楚今年刚九岁。他觉得自己特别幸福，因为他有个好妈妈。

有一次，郑问楚因为与小伙伴闹矛盾，便把自己关在房间里偷偷地哭。妈妈敲门进去后，也不急于询问事情的原委，而是耐心地陪在儿子身边，为他擦眼泪，拥抱着他。

过了一会，郑问楚主动地跟妈妈说起了事情的原委。妈妈也认真地为儿子出了主意。两个孩子又和好如初了。

妈妈应该善于运用非语言的形式来引导男孩说出自己的烦恼，形式不是固定的，但都能减少孩子内心的苦恼。

例如男孩不高兴的时候，妈妈可以静静地陪在他们身边，拥抱着他们。男孩体会到妈妈的爱，便会说出自己心中的烦恼。

◎ 陪男孩一起排解内心的烦恼

男孩遇到不高兴的事情了，妈妈应该主动陪男孩一起发泄，让他们体会到妈妈知道自己的委屈，理解自己、尊重自己。妈妈陪男孩一起发泄，不仅可以防止男孩因为情绪失控而做出不应该的事情，还可以培养良好的亲子关系。

妈妈可以陪同男孩一起合理发泄，例如当男孩遇到不开心的事情时，妈妈可以陪着男孩，让他尽情地哭泣一场，也可以跟男孩一起玩游戏，让男孩体会到妈妈与自己同甘苦共患难的一片心意。

男孩遇到了烦心的事情时，因为经验不足或者是看问题不全面等原因，心情一时调整不过来，妈妈此时要及时分担男孩的痛苦，并且做好引导工作，有效地排解男孩的心理困扰，让男孩从阴影里走到阳光中，恢复快乐与活力。

给男孩再多东西，也取代不了情感上的沟通

在家庭中，亲子关系较好，妈妈善于和男孩进行情感沟通，男孩会感觉很幸福，往往不需要妈妈督促，就会主动地学习、上进。

相反，亲子关系紧张的家庭，不管妈妈给男孩多少物质奖励，男孩还是不会觉得快乐，还是会感觉妈妈不关心自己。

作为妈妈，特别是想成功培养男孩的妈妈，就应该掌控与男孩沟通的这一关键点，成功地引导男孩的思想、希望和动机。这样的妈妈，不仅能达到引导男孩行为的目的，还可以教养出一个有主见、有选择能力的男孩。

男孩的心里总有许多稀奇古怪的想法，如今的社会也提供了了解外界信息的更多途径：报纸杂志、广播电视、互联网，等等，所以现在的男孩无论是生理方面还是心理方面，都很早熟。

王云龙的家庭条件比较好，妈妈工作很忙，平时很少和他交流。为了让儿子感觉到自己的陪伴，妈妈经常给他买各种玩具，以使儿子独自一人

时也不孤单。

但是，即使这样，王云龙仍然感觉不到妈妈的爱。有一次，妈妈问他："你知道妈妈很爱你吧？"王云龙没有说话，最后在妈妈的一再追问下，才小声说出了三个字："不知道。"

这让妈妈大为惊讶：自己给儿子提供了这么多东西，让孩子享受到了很多孩子享受不到的自由，孩子怎么还不确定自己对他的爱呢？

这是因为男孩还缺乏真正的理解和分辨能力，这时，非常需要妈妈为他指点迷津，释疑解惑。妈妈要想办法走进男孩的心灵，才能明白男孩出现问题的根本所在。

与男孩沟通之前，妈妈必须清楚地知道自己为什么要和男孩沟通，沟通的目的究竟是什么。实际上，妈妈和男孩沟通，是为了促进与男孩之间的关系。

在良好亲子关系的基础上，妈妈再去教育男孩，激励男孩，帮助男孩实现理想。从这个意义上说，沟通就是一种教育方式。

妈妈要有足够的耐心。毕竟妈妈与男孩之间在年龄、心理和思想感情等各方面都存在着巨大差异，理解需要一个过程。如果过于急躁，沟通就会成为泡影。只有掌握与男孩交谈的艺术，做男孩的朋友，才能使两代人做到真正意义上的沟通。

尊重和信任是沟通的前提，交流只能在这一基础上进行和完成，而这一基础意味着沟通双方是平等的，彼此是可以相互接纳的。

如同成年人受了挫折，心事无处宣泄会产生危险一样，男孩也需要别人的关心、接纳和倾听，尤其是与妈妈的沟通。

要与男孩保持心灵的沟通，一定要做到以下几点：

◎ 倾听男孩说话

倾听是沟通的前提。学会倾听，这是沟通的第一步。只有倾听男孩的心里话，知道男孩想什么、关注什么和需要什么，才能有针对性地给予关心和帮助，也会使以后的沟通变得更加容易。

当男孩要与妈妈沟通时，妈妈不妨先坐好，停下手边的工作，安静地等待男孩，安静地看着男孩，不去打断他的话，全神贯注地倾听，不左顾右盼。

这等于告诉男孩："你是被我在意的，我在认真地听，在注意你所说的一切。"这样一来，男孩也愿意和妈妈交流。

用不着很长的时间，只要几分钟他就很满足了。男孩需要知道自己所说的话很重要，这样才能培养出健康的自信心。

◎ 妈妈要真诚地作出反应

男孩往往是非常敏感的，妈妈在与男孩交流的语调中流露的态度，同谈话的内容同样重要，从男孩的角度看，甚至还比内容更重要。

妈妈忙了一天了，回到家还要拖着疲乏的身体做饭，可儿子李昊偏偏有道算术题不会做，过来找妈妈帮忙。

妈妈心里很烦，气冲冲地说："妈妈现在忙死了，你自己的作业自己做吧！"李昊一听，不高兴地回房了。

饭后，妈妈想到自己刚才对儿子的态度有问题，便真诚地向儿子道歉。李昊见妈妈十分真诚，就原谅了妈妈。

妈妈要想一想自己是用怎样的语调来同自己的朋友交谈的，对男孩又是怎样说话的，是否居高临下了？生气时是否对男孩叫喊了？那叫喊的音量是否渐渐地变成了妈妈说话时的正常声音了？对于男孩，妈妈一定要真诚地作出反应，不能敷衍。

◎ 用欣赏表达关怀

男孩需要鼓励，需要被发现，一味地责备非但不能激发男孩的创造力，不能激励男孩进步，反倒容易使男孩产生压抑感和逆反心理。

现代心理学认为，妈妈的话语能够对男孩产生心理暗示。因此在沟通中表达欣赏，多加鼓励，能够使男孩树立自信心，发挥其主观能动性。

也许妈妈从来没意识到，自己随便说出的一句话，会对男孩幼小的心灵产生多么重大的影响。

恰到好处的赞美、欣赏会增强男孩的自尊、自信，是妈妈与男孩沟通的润滑剂。所以妈妈对男孩要多了解、多欣赏、多赞美、多鼓励。因为赞美才能成功，抱怨导致失败。

◎ 妈妈要对男孩关心的事感兴趣

沟通时，妈妈可以表现出对男孩兴趣的关心。对于男孩关心的事情，妈妈也要上心，让男孩感觉到妈妈对他的爱。

妈妈真心实意地认可男孩，就是要对男孩的朋友、游戏、嗜好都感兴趣。当妈妈对男孩所做的事感兴趣时，他就会发光发亮，而沟通，也会取到很好的效果。

你想说话，
先要学会降低交谈姿态

促进亲子沟通的最基本方式，是听男孩说话。妈妈常常抱怨男孩不听话，却从没有问自己是否听过男孩说话，人都需要有倾诉的对象，成长中的男孩更是如此。

妈妈放低姿态，蹲下来听男孩说话，是在表达对男孩的尊重和关心，会促使男孩增强自信心，提升自己的能力。

放低姿态，蹲下来听男孩说话，不仅是一种教育方式，更是一种教子态度。妈妈和男孩说话，最主要的是平等和真诚，蹲下来听男孩说话，男孩会感到自己受到尊重。

妈妈对男孩的尊重，也会赢得他们的尊重，男孩会自觉地和妈妈说自己的心里话，这样一来，妈妈可以及时地了解男孩的情况，教育效果更理想。

很多妈妈认为男孩是自己的“私有品”“附属品”，喜欢用自己的权威地位对男孩颐指气使，这样会激起男孩的逆反情绪。妈妈要想创建温馨、民主的家庭环境，就必须了解男孩、理解男孩，而蹲下来听男孩说话是了解、理解男孩的最好手段。

妈妈发现儿子李敏凡闷闷不乐的，便拉着他的手说："我儿子最近好像很不开心，走，妈妈带你去公园散散步。"李敏凡一路上都没有说话。

后来，李敏凡对妈妈说："妈妈，我知道你平时最讨厌我和别人打架，所以这件事我就没说。前两天王伦欺负一个女孩，我阻止他时和他打了一架，然后我们就绝交了。"

妈妈拍着他的肩膀说："别难过，这说明你长大了。如果朋友因为这点小事就绝交，那这份友谊也很让人怀疑。我建议你再找他谈谈，不行再放弃。"

李敏凡听了妈妈的话，心里感觉很轻松，又恢复了往日的笑容。

在西方国家，很多妈妈都从小就成了男孩的朋友，这些妈妈在和男孩说话的时候，都会蹲下来，和男孩处于同一水平上，并会使用身体语言，比如牵着男孩的手，亲切地注视男孩，和颜悦色地听男孩说话，这样无论对于妈妈还是男孩，都是愉快的情感体验。

男孩虽然小，但也是独立的个体，应该得到妈妈的尊重。蹲下来，能最直接地表达对男孩的尊重，这也是妈妈应该做到的。

妈妈放下权威的架子，蹲下来和男孩说话，男孩会获得安全感和责任感，这会使妈妈和男孩的沟通更加顺畅，对男孩的成长会有莫大的帮助。

◎ 以平等的心态和男孩交流

放低姿态，蹲下来听男孩说话，表现在生活中，就是要做到尊重男孩，以平等的身份对待男孩，和男孩交流，与男孩建立起相互信任的关系，做男孩的朋友。

霍然今年7岁了，平时老是喜欢依仗自己的年龄小，行使某些特权，这让妈妈很是担心，怕这样的心理会给他以后的生活带来影响。

为了增加和孩子的亲近感，妈妈蹲下来告诉他，其实每个人在人格上及权利和义务方面都是平等的，任何人都没有权利去享受别人没有的权利，要学着把自己当做普通的人和心智成熟的人。

如果妈妈总是强调自己的观点和尊严，居高临下地对待男孩，不仅得不到男孩的认同，还容易引起男孩的反感，破坏妈妈在男孩心目中的形象，不会达到预期的教育效果。

◎ 交流时眼睛要平视男孩

男孩的内心很敏感，很重视妈妈对自己的态度。蹲下来在妈妈看来是个简单的动作，但是在男孩看来，却是妈妈在心理上和人格上对自己的平等态度。

钟朔个子长得矮，比同班同学要矮一截，为此他很自卑，很少主动和爸爸妈妈交流，在外人面前也很少说话，在学校里的表现也不积极。

这天，家里来了客人，钟朔又躲进自己的屋子去了，妈妈走到他的房间，蹲下来，眼睛和他平视着交流。钟朔的内心得到了尊重，也就听话了，出来问候客人。

很多妈妈习惯站着和男孩说话，并且经常采用命令的语气，以此来显示自己居高临下的地位。

男孩对这样的妈妈表面上可能会尊重，但是内心却会有距离，这对亲子关系会造成不利的影响。聪明的妈妈要学会蹲下来，平视男孩，听男孩说话。

◎ 用温和的建议代替命令

男孩的独立意识从两三岁时就已经萌芽了，他们总认为自己的事情自己可以处理好，面对这种情况时，妈妈采用建议的方式迂回地劝导男孩比命令更有效。

张然辉今年上五年级了。一天，他像平常一样趴在桌子上写作业，妈妈看见了，轻轻走到他身后，看着他写作业。张然辉抬起头笑着说："妈妈，你看我的字写得漂亮吗？"

"嗯，不错，不过妈妈觉得你把身子直起来，坐端正会写得更漂亮，你试试！"张然辉愉快地答应了，他写完后发现的确如此。

妈妈站在男孩的角度，采取给男孩提建议的方式指引男孩，男孩会更加乐意接受。当他们发现妈妈为他提的建议比自己原来的更好，便会更愿意听妈妈说。

◎ 心灵也要"蹲"下来

很多妈妈对待男孩的时候，身体可以蹲下来，但是精神上和心理上还保持着高高在上的优越感，这就使得男孩虽然看到了妈妈的亲密动作，却无法体验到妈妈的真诚。

樊伟眼睛近视，可是在班上的座次很靠后，上课没法看清黑板上的字，导致成绩很不理想。樊伟是个内向的孩子，没有对老师提出自己的要求，也没有告诉父母。

家长会后，妈妈看见樊伟乖乖地等着自己批评，心一下子软了下来。她调整了自己的情绪，尽量保持平静。樊伟看到和颜悦色的妈妈，主动地将自己成绩差的原因告诉了妈妈。

妈妈了解到儿子的难处，及时和老师进行了沟通，调整了座位。一个多月后，樊伟的成绩有了很大的提升。

在家庭中得到平等对待的男孩，能够具备在社会上独立生存和处理问题的能力，拥有良好的成人感，对男孩的进步和成功有着积极的意义。所以，妈妈在蹲下身体的同时，心灵也要蹲下来。

不打骂，和谐的亲子关系是沟通的基础

男孩犯错固然应该教育，但是教育方式很多，打骂是最坏的一种方式。打骂起不到理想的教育效果，还会造成亲子关系紧张。

打骂教育让男孩与妈妈越来越疏远。男孩的自尊心在很小的时候就有了。当男孩还不会说话时，就能辨别话的好坏，这表明男孩自幼就爱护自己的尊严。

婴幼儿尚且会感到被伤害，何况长大了的男孩。在中国，一直以来，打骂被认为是简短有效的管教方式。它能在最短的时间内，立竿见影地让男孩听话。打骂中，男孩会觉得委屈，觉得被侮辱了，甚至会仇恨妈妈。这些负面情绪长期积聚，会扭曲男孩的人格。

蒋东俊是个调皮的男孩，他妈妈脾气特别暴躁，对他非打即骂。

有一次，蒋东俊失手摔破了一个碗，妈妈见了二话没说，"啪啪"就是两巴掌。妈妈边打边骂："你不长记性，这是第几个啦。"

最初蒋东俊会和妈妈辩解，可往往会遭到又一轮的打骂，所以，渐渐地,他已经习惯了妈妈的教育方式了。

邻居常说:“你们家东俊真听话。”妈妈则说,这都是打出来的。蒋东俊胆小怕事,凡事都不敢冒险,正确的事也不敢坚持,与妈妈也无话可说。

有的妈妈认为,打骂出来的男孩比用言语说服教育出来的男孩更懂事。其实不然。每个男孩都有逆反心理和模仿心理,妈妈常常打骂男孩,潜移默化地影响男孩,男孩的脾气也会变得暴躁,当和他人发生矛盾的时候,也会很自然地采用同样的方式去处理。

教育男孩是一门学问,更是一门艺术。聪明的妈妈一定不会滥用打骂的方式教育男孩,而是和男孩和睦相处,尊重男孩,做男孩的朋友,这样才能培养出优秀的男孩。

而在亲子交流中,妈妈应努力营造民主、平等的交流氛围。男孩的人格被尊重,意愿被遵从,才能充分施展才能。妈妈尊重男孩,维护他的自尊,才能逐渐培养出具有健全人格的男孩。男孩积极、自尊、自爱,才能创造出精彩的人生。

打骂教育已逐渐被淘汰。因为这是一种强权对柔弱心灵的施暴,摧残的是男孩的人格。

◎ 妈妈要允许男孩顶嘴

亲子交流中,双方有了矛盾冲突,男孩喜欢顶嘴。常常是,男孩一顶嘴,妈妈马上开骂。最终,双方对骂,导致亲子矛盾升级。

在这一过程中,妈妈把顶嘴当成了冒犯,当成是对自己权威的挑战,所以动怒。其实,男孩只是在陈述意见,这是男孩的言论自由。

陈军一回家,马上打开了电视。妈妈见了说:“你作业还没做呢,看什么电视?”陈军生气地说:“不要你管,我会做的。”

妈妈一听,还顶嘴了,心里的火蹭地上来了。刚想责骂儿子,突然看见墙上贴着的“不打骂”三个字，便忍住怒气，把自己的要求说了一遍。

陈军虽然有些不情愿，但还是关了电视先写作业了。

顶嘴是亲子间常有的事。男孩顶嘴了，不全是男孩的错。妈妈要反省一下，是不是自己不够民主，没考虑男孩的意愿。男孩的正当意愿被压抑，才会反抗顶撞。

明智的妈妈，要理性对待顶嘴，允许男孩顶嘴。妈妈在男孩顶嘴后，更要关注男孩，理解其中缘由，这样才能做个好妈妈。

◎ 与男孩平等、民主地交流

在亲子交流过程中，妈妈处于权威地位，居高临下，男孩稍有冒犯，妈妈就容易生打骂的心。如何杜绝打骂，不对男孩的心灵施暴？妈妈应积极学习现代教子观念，营造民主交流氛围。亲子间平等交流，彼此尊重，妈妈就不会产生打骂之心。

每一个妈妈，都希望男孩能遵从正确的建议，朝更好的方向发展。妈妈的打骂，也是出于这个初衷。如果男孩能平等地交流，在民主尊重的氛围中成长，妈妈的好建议都能被男孩诚心接纳，这种教育方式，更有效。

◎ 妈妈要管理好个人情绪

很多妈妈心智不够成熟，男孩对她们来说是压力和负担。她们不懂得合理宣泄自己的情绪，当在生活和工作中遇到困难、挫折时，就会将自己的怨气发泄到男孩身上，并且采用极端的打骂教育方式。

当妈妈对自己的生活和工作不满意时，就更希望男孩按照自己的要求去做，一旦男孩达不到要求，妈妈就会打骂男孩。因此，妈妈要学会控制自己的情绪，不将自己的失意发泄在男孩身上。

◎ 学习新的教养知识

在传统教育法下，妈妈喜欢凭借权威教育男孩，而打骂也一直被认为是最直接、见效最快的教育方式。社会在变化，男孩的成长环境也在不断地变化，妈妈头脑中固有的教养方式，已经不能够适应当今教育男孩的需要。妈妈要责无旁贷地学习先进的教育理念，抛弃打骂男孩的旧理念。

妈妈要吸收新的教育知识，改进自己的教养方式，跳出自己的固有思维，及时调整自己的教育理念。

◎ 耐心倾听男孩的解释

男孩在犯错后，妈妈要给他一个解释的机会。任何错误，都只是表象，还会有深层的动机和原因。

男孩在解释时，妈妈要用心倾听，发掘错误中的积极面，鼓励男孩从错误中吸取经验。妈妈如此对待男孩的错误，才能真正帮助男孩认清错误。

男孩犯错后，妈妈要听男孩的解释。解释，是男孩在陈述事件，也是一个男孩反省的过程。解释，也让妈妈清楚了事件全局，能做出正确的应对。允许男孩解释，才能真正让男孩反省。经过反省，错误才能早日被纠正。

不用完美的标准要求男孩，优秀即可

没有人是十全十美的，男孩同样如此。面对男孩的缺陷，妈妈要多一分宽容。妈妈的宽容，能够帮男孩鼓起信心，继续发扬自己的长处。

每个男孩身上，都会有优于别人的地方，当然也会有不如人的地方。没有一个人是十全十美的。那些成功的人，不是因为缺点少，而是因为努力发挥了自身的优势。

男孩身上有缺点，并不能成为妈妈苛责男孩的理由。妈妈应有的教育态度是，宽容男孩的不足之处，同时，赞赏男孩的优势，鼓励男孩扬长补短。

赵丰凯从小爱动，到学校后，更是对体育很痴迷。赵丰凯的跑、跳、投等功夫，都是班上数一数二的。每一次运动会，赵丰凯总能获得多项冠军。

赵丰凯的邻居叫小军，学习特别好，每次考试，总是得第一。但小军有先天性心脏病，身体一直很弱。赵丰凯的妈妈心里很羡慕小军能有优异的成绩，总是苛求赵丰凯。

有一天，妈妈说："你什么时候要能像小军学习那么好，该多好啊。"赵丰凯有些不高兴："你怎么不说我运动比他好啊，就会苛求我！"

妈妈听后，感觉自己理亏，无话可说。

妈妈对男孩严厉、苛刻，总是拿别人的长处来和自己男孩的短处比，这样一来，男孩有再多的优点，在妈妈的眼中也是不完美的。妈妈不满意，男孩会感到压力，长此以往，会损伤男孩的自信。男孩一旦认定自己不行，就不会去发挥优势，渐渐地会越来越平庸。

教育上的许多悲剧正是源于妈妈太严苛。许多优秀的男孩，本来自身有突出的特长，可是由于妈妈求全责备，只盯着男孩的缺点看，强项被无情地埋没了。

人无完人，妈妈不应苛求十全十美的男孩，而应抱以辩证、明智的心态。

◎ 真诚悦纳有缺点的男孩

每位妈妈都希望自己的男孩健康、聪明、漂亮，但是世界上没有十全十美的男孩。尽管在很多妈妈的眼里，自己的男孩都是可爱的，但也有不少妈妈面对男孩的缺点或是弱点时，会产生厌恶的情绪。

做妈妈的没有不心疼自己的男孩的，这种疼爱使得她们对男孩的缺点更加无奈，男孩表现不好时，这种怨恨就会发泄出来，这会给男孩的心灵造成很大的伤害。

而自身存在缺点或是表现得不够出色的男孩，心理本来就很脆弱，他们更希望得到来自妈妈的悦纳。

妈妈只有意识到这一点时，才会真正接纳自己的男孩，悦纳男孩的能力和特质，帮助男孩取得成功。

◎ 全面分析男孩的优缺点

妈妈心里要有本账，自己的儿子哪里好，哪里不够完美。妈妈能全面分析男孩，才能给男孩最好的人生指引。

杨阳焱和妈妈关系很好。有一次，杨阳焱对妈妈说："我要跟陈明一样，去学绘画。"杨阳焱自己想学，妈妈也同意了。

一段时间后，陈明的进步很快，杨阳焱却学得稀里糊涂。妈妈知道，杨阳焱喜动不喜静，学画他是坐不住的，所以建议他改学游泳和跆拳道。

杨阳焱选择了去学跆拳道，学得很好，进步也很快。

男孩身上，肯定会有优点，也会有缺点。妈妈一定要全面分析男孩，明白男孩的长处是什么、短处是什么。如果男孩不擅长，妈妈却强求，往往会给双方带来伤害。妈妈能遵从男孩的个性，做出适宜的建议，才是最好的教育策略。

◎ 错误面前，要听听男孩的解释

男孩犯错了，妈妈首先要听一听男孩的解释。任何错误，都不完全如妈妈所想象。如果不听男孩的解释，容易造成误会。时常，男孩犯错了，妈妈会忙于训斥，丝毫不听男孩解释。妈妈的这种态度，只会让男孩犯越来越多的错误。

男孩犯错误了，妈妈不要急于训斥。任何错误，妈妈都要听听男孩自己是如何解释的。妈妈对待错误的态度，决定了男孩如何面对错误。妈妈的宽容，能换来男孩的悔悟和谅解。妈妈的责骂，会换来男孩的自卑或逆反。

◎ 别拿他人的长处比男孩的短处

生活中还有一类现象，时常打击男孩的自信。有的妈妈总喜欢拿别人的长处比男孩的短处。任何别的男孩取得了成就，妈妈知道了，就习惯对自己的男孩说，“你看别人做得多好，你怎么就不如他呀。”妈妈的横向比较，就像一巴掌，直接打在了男孩的脸上。

男孩有许多不如人的地方，对此，妈妈应该宽容、接纳。男孩不可能十全十美，妈妈希望男孩处处比人强，虽是一种美好的愿望，但却不现实。这种不科学的教育态度和方法，会毁掉一个优秀的男孩。

◎ 赏识、鼓励男孩发扬优点

妈妈不要苛求男孩十全十美，更要懂得寻找男孩的优点。好妈妈，要有一双明亮的眼睛，看到男孩的闪光点。让男孩能够发扬优点，尽情展示才华和魅力，男孩才能活出光彩。

妈妈如果只盯着男孩的缺陷，会让男孩不自信。妈妈要明白，男孩也有优点，通过赏识、鼓励男孩，让男孩能够发扬优点，克服由缺点所带来的自卑心理，才能健康地成长。

妈妈应该多关注男孩优秀的方面，不断地给予鼓励，这样男孩才能减少犯错误的次数，才能得到更好的发展。男孩本身就面临着来自各方面的压力，做妈妈的如果再给男孩施压，会让男孩感到恐惧，阻碍男孩智力等的正常发挥，不利于其进步和成功。

妈妈要设身处地地为男孩着想，让男孩在宽容的氛围中好好学习，取得最佳的学习效果。

给男孩适当的自由，注意不要放任不管

自由没有绝对的，男孩需要一定的自由，妈妈要懂得放手，但并不是放任不管，让男孩像脱缰的野马。妈妈手里始终要有一条绳，让男孩知道自己的活动范围。

男孩自我约束力比较差，有时候禁不住诱惑，会犯下一些错误。如果妈妈不管不问，给男孩绝对的自由，他想干什么就干什么，这不是为男孩好，而是害了男孩。妈妈给男孩自由，但是并不是让他放任自流。

男孩天生有股野性，不希望受到来自家庭的牵绊，他渴望自由。妈妈应该理解男孩这种心理，但是也要知道，由于年龄关系，男孩对社会认识得并不深，对自我的管束力并不强，给他太多自由，他可能会毁了自己。

王阳旭打算周末和同学一起去露营，周六一大早，他就背了一个大包出门了。到晚上十点钟的时候，妈妈给他打电话，才知道他和同学露营去了，晚上不回来。妈妈也没有说什么，就挂了电话。

等到第二天子轩回到家，妈妈对他说："你去露营我不会拦着你，但是希望你以后无论做什么事，都先给我说一声，省的别人担心。父母有知情权啊。”

子轩知道忘记告诉妈妈，让她担心了，感到很抱歉，就答应妈妈以后不会这样了，并感谢妈妈给他自由，他也会让妈妈放心的。

因此，妈妈要在男孩手腕上绑一根“线”，当男孩靠近危险区的时候，能够把他拽回来。当然这根“线”不能过短、过紧，这样男孩就会想挣脱，让自己跑到妈妈看不见的地方。这根“线”要长短适宜，松紧适度。

很多妈妈可能抱怨男孩难管，不听话、叛逆，管得过严，男孩会嫌妈妈啰唆，不给他一点自由；管得过松，又容易出问题。怎样才能做到恰到好处、适可而止？这是妈妈所要寻找的答案。答案没有固定的，要根据不同的男孩区别对待。

每个男孩的个性特点不同，妈妈不能盲目套用别人成功的教子模式，这样很容易失败。妈妈要从自己男孩的个性特点出发，摸索出适合男孩的管教方式，让男孩有一定的自由，但是又要在妈妈可以控制的范围内，防止男孩犯下不可挽回的错误。

◎ 给男孩留出可支配的时间

一些妈妈总怕男孩的时间空下来，容易胡思乱想，走入歪门邪道，就总是一桩一桩地给男孩安排任务，使得男孩完全丧失自由支配的时间，对学习、生活的态度变得懒散与麻木，难以真正地学有所成。

所以，当男孩写完作业以后，马上给他安排了画画，刚画完画，又安排了学外语，外语学完了，还有钢琴。这样做的结果，使男孩没有了自己的意志和想法，几乎成了一个机器人，在妈妈的紧张安排下失去了自我，以至于越来越懒散、麻木和消极。

总之，妈妈给男孩自由支配的时间，可以还男孩童年的快乐、幻想和自由，为男孩奠定幸福人生的根基。

◎ 妈妈要始终关注男孩

自由都是有限度的，妈妈不能把男孩看得太紧，不给他任何自己的空间，这样不利于男孩的独立成长，容易让男孩产生逆反心理；但是妈妈给男孩的自由又不能太过，因为男孩心性不定，很容易管不住自己。妈妈要始终关注男孩，不要让男孩变得无法无天。

在男孩的成长过程中，外界对他的诱惑很多，妈妈除了在平时注意培养男孩良好的品行和自制能力外，也不能放松对男孩的监控，防止男孩偏离正常轨道。

要及时发现、及时纠正，不要让男孩的行为形成不良习惯，犯了大的过错后才想去管束，那时就晚了。妈妈在平时一定要关注男孩的行为举动，防患于未然。

◎ 让男孩遵守一定的守则

妈妈在给男孩自由的同时，也要给男孩一定的守则。男孩的自由是在这个范围内的自由，如果超越了妈妈限定的框，妈妈就会收回男孩的自由。妈妈必须明确地让男孩认识到这一点，才能让男孩对自己的行为有规范和依据。

李学硕总是抱怨妈妈管他太多了，让他很反感。思来想去，李学硕决定和妈妈谈判，希望妈妈给他更多的自由。

妈妈答应了，但有条件：不能拖拉作业，不能结识不三不四的人，不能到外面上网，出门要告诉家人去哪里、何时回来，保证自己的安全，不做违反道德和法律的事。

李学硕感觉这个很简单，就答应了妈妈的条件。现在他生活得很自由，妈妈也很放心。

妈妈给男孩划定一定的范围，在这个范围内能够自由活动，这样既让男孩得到了一定的自由，同时妈妈又有一个圈可以管束男孩，一举两得。

◎ 及时把男孩引到正轨

随着男孩的长大，男孩的自由也就相对增加，但并不是说男孩不在眼皮底下了，妈妈就失去了对男孩的控制和管教。无论男孩是大是小，妈妈对男孩的关注都是终其一生的。

发现男孩犯了错误，脱离了正常的人生轨道，妈妈就要及时地把男孩引到正确的道路上来。男孩出了事，妈妈也难辞其咎。

李忠林从上初中开始住校，每半个月回家一次。到了回家的日子，李忠林却迟迟没有回来。妈妈很焦急，打电话过去，李忠林说和几个朋友在外面吃了，晚上再回家。

妈妈感到很奇怪，李忠林回到家，妈妈问他是什么样的朋友，李忠林说："是社会上的一些人，知道我爸爸在公安机关工作，很羡慕我，想和我做朋友。"

妈妈说："这样的人你少交往，以后做出什么伤害你的事情也说不定，万一牵扯到你爸爸就更不好了。"李忠林觉得妈妈分析得有理，就不再理会那些人了。

在男孩成长的道路上，每走一步都可能暗藏着危险，妈妈应该有一双锐利的眼睛，去发现它，然后引导男孩越过危险区，走到安全的地带。

沟通是双向的，要给男孩诉说的机会

男孩天生喜欢表达自己，不愿意隐藏自己的感受，这十分有利于妈妈了解男孩，但是许多妈妈却不给男孩诉说的机会，认为男孩的话都是空想，不值得关注，这是妈妈的极大错误。

男孩不仅有物质上的需要，更有情感上的需要，而向他人诉说，与他人分享喜怒哀乐，就是满足男孩情感的一种方式。

妈妈通过听男孩的诉说，可以了解男孩内心的想法，充分尊重与理解男孩，从而推行更合理、更有效的家庭教育方式，这是一个非常有益的教育渠道。

但在现实生活中，许多妈妈却不给男孩诉说的机会，无情地剥夺男孩说话与自我表达的权利。著名教育家斯宾塞认为，教育，无论是家庭教育还是学校教育，其在本质上除了传递知识，对男孩进行道德培养外，更应该尊重男孩的权利。如果妈妈不能尊重男孩诉说的权利，那么任何苦心孤诣的教育都难以成功。

王宇飞像其他男孩一样，话特别多。每天放学后，见到在校门口等着接他的妈妈，王宇飞不等妈妈开口说话，便开始向她描述自己在学校的所见所闻。

这跟以前的情形完全两样。因为王宇飞的妈妈以前总是打断他的诉说，认为听他说那些小儿科的把戏是浪费时间。但是当儿子一天天与妈妈疏远时，她才意识到听孩子诉说的重要性。

因此，现在王宇飞与妈妈的关系好极了。一有什么新鲜事儿，他总是第一个告诉妈妈，而通过倾听儿子的诉说，妈妈也更加了解自己的儿子了。

按理说，每个人都应该有诉说的权利，但是在家庭生活中，男孩却很少能够获得这种权利。因为许多妈妈认为，男孩缺少必要的生活经验，什么也不懂，听他们说话就是浪费时间。

而有些妈妈虽然表面上给了男孩说话的机会，但却从来没有认真考虑男孩说话的内容，只是不想打断男孩，伤害男孩的积极性。

这两种做法都是不可取的，因为男孩并不是什么也不懂。虽然男孩缺乏丰富的生活经验与一些基本的常识，但是他们身上的一些品质是一般成人所没有的，如丰富的想象力等。

给男孩诉说的机会，赋予男孩说话的权利，不仅能够使男孩感受到妈妈的爱与尊重，更能让男孩自由地表达所思所想，架起亲子沟通的桥梁。

因此，当男孩有诉说的欲望时，妈妈应该把握机会，引导男孩自然而然、愉快地说出自己心中的所思所想，然后再用正确的方式教育他们。

◎ 正确对待男孩诉说的愿望

当男孩表达出自己的诉说愿望时，妈妈应对的态度往往决定着男孩是否继续诉说，因此，妈妈应该采取正确的方法对待男孩诉说的愿望。

李贺以前很爱与妈妈分享自己一天之中发生的事情，因此与妈妈的关系也十分密切。但自从那次后，李贺却变得沉默了。

那次，李贺参加了学校的奥数选拔赛，结果因为审题出错而名落孙山。他很想与妈妈诉说自己内心的苦闷，但是当时家里来了许多客人，妈妈无暇顾及他，甚至都没看他一眼，说："妈妈正忙呢，一个比赛嘛，以后还有机会。"

当男孩向妈妈表达自己想要诉说的愿望时，妈妈一定要认真对待。如果正在忙某些事情而脱不开身，妈妈应该认真向男孩解释，请他耐心等待一会儿，不要因为自己忙碌或者场合不适宜，便当面拒绝听男孩诉说。

◎ 鼓励男孩自由表达

男孩能否自由地表达自己心中所想，是他们能否感受到快乐的重要因素，因此，妈妈应该鼓励男孩自由地表达自己的想法。

妈妈不考虑男孩的感受，只想听自己愿意听到的事情，虽然给予了男孩诉说的机会，却设置了诸多的限制，往往使得男孩心生反感。

因此，当男孩诉说时，妈妈应该鼓励男孩自由表达心中所思所想，如男孩学习是否顺利、男孩与小伙伴们之间是否开心等，而不应该限制男孩必须说某个话题。

◎ 听男孩诉说时态度要真诚

妈妈真诚的态度，是鼓励男孩诉说的最好方式。如果妈妈的态度不够真诚，男孩自然就会停止诉说，拒绝与妈妈进行交流、沟通。

因此，当男孩开始诉说时，无论妈妈在忙什么，都应该先回过头来看看男孩，用目光和话语鼓励男孩继续诉说；而当男孩诉说悲伤、难过的事情时，妈妈最好能够放下手头的工作，认真地听男孩讲述，并且给予及时的回应，如安慰、鼓励和拥抱等。

◎ 不要打断男孩

打断别人说话，是十分不礼貌的一种行为，但在现实生活中，妈妈却仿佛拥有了某种特权，经常随意地打断男孩的诉说，并丝毫没有愧疚之感。这种做法，不利于妈妈与男孩的沟通。

因此，妈妈不应该随意打断男孩的诉说，如果迫不得已而需要打断男孩的诉说时，一定要向男孩道歉，并且在事情处理完毕后，立即回来继续听男孩诉说。

如妈妈正在听男孩诉说，突然电话响了或者来客人了，妈妈可以先向男孩道歉，等接完电话或者客人走后，主动找到男孩，简单地讲述一些对男孩之前诉说的看法，以引导男孩继续诉说。

◎ 邀请男孩加入家庭讨论

当爸爸妈妈在热烈地讨论某些事情的时候，男孩的眼里也闪烁出强烈的光芒，何不邀请他也参与讨论呢？

张飞是个活泼的男孩，虽然只有十一岁，但是对一些事情已经形成了自己独立的看法，这是因为妈妈总是鼓励他勇于表达自己的意见。

在他刚上小学的时候，有一次妈妈和爸爸热烈地讨论一条新闻，看到儿子有话说，便引导他开口。受到妈妈的引导，张飞居然像模像样地分析起来，妈妈听得津津有味。

当爸爸妈妈在讨论某件事情的时候，突然发现男孩一直站在身旁，这时妈妈应该意识到男孩对讨论的话题十分感兴趣，应该主动邀请男孩参与讨论。

条件允许的话，妈妈还可以定期召开家庭讨论会，给男孩充分诉说的机会。

第四章
妈妈说得有技巧，男孩才愿意按照妈妈说的做

做个微笑妈妈，有笑容的话男孩最喜欢听
男孩想什么，妈妈要鼓励他说出来
多肯定男孩的闪光点，男孩更信服你
不该说的时候一定不说，严守男孩的秘密
不管情况多糟糕，都要避免跟男孩争吵
妈妈的命令声越大，男孩的反抗声越响
不强迫不惩罚，你讲道理，男孩也不会不讲理
妈妈做错了，道歉是最好的沟通办法
妈妈讲道理，男孩才会被说服

做个微笑妈妈，有笑容的话男孩最喜欢听

人和人的交流和沟通离不开微笑。微笑是有效沟通的方式，是妈妈和男孩之间的润滑剂。妈妈要想和男孩实现心灵的沟通，就更需要微笑。微笑在密切妈妈和男孩之间的关系上有着举足轻重的作用。

微笑是妈妈内心愉悦的外在体现，亲切的态度、和蔼的微笑，往往使人感觉比较容易接近；如果妈妈一直板着脸，很严肃，会让男孩觉得很难接近。善于微笑的妈妈，会博得男孩的喜欢，男孩也会主动与妈妈沟通，所以妈妈要多给男孩一些微笑。

中国的妈妈喜欢板着脸，很少对男孩微笑，这就使男孩不愿意和妈妈沟通，害怕自己不小心招来妈妈的责骂。有的妈妈认为自己如果不严肃，男孩就不会听话，可事实往往是妈妈越严肃，教育效果就越不好。

王道林的妈妈是个很严肃的人，从王道林很小的时候开始，妈妈就很少对他微笑。现在，随着王道林上了初中，妈妈对他的管教更加严格，微笑的次数就更少了。

王道林的学习任务很重，每天都要温习功课到很晚。这样一来，第二天就很容易起不来。每次起得稍晚些，妈妈就会絮絮叨叨个不停。

妈妈说：“你不知道早上的时间很重要吗？早起一会儿学习多好！”王道林知道妈妈是为了自己好，但是看着妈妈冰冷的面孔，王道林顿时觉得特别窝火，连早饭都没吃，就匆匆上学了。

每个男孩都会观察妈妈的表情，他们会从妈妈的表情中推测出妈妈的想法和态度。很多男孩都会选择在妈妈表情比较温和的时候和他们说自己的心里话，因为那个时候妈妈不摆架子，男孩没有畏惧心理。

但是如果妈妈表情严肃，板着面孔，男孩就会从心理上产生距离感，不仅不会和妈妈说心里话，有什么事情还会隐瞒妈妈，严重的还会以撒谎的方式来隐瞒妈妈。

有智慧的妈妈，即使在男孩不听话或是犯错误的时候，也要保持微笑的神态来面对男孩，这样会促使男孩醒悟过来。比如，当男孩碰热水时，妈妈不要责骂男孩，而要微笑着对男孩说：“这样是不可以的，不要再碰了，不然会疼的。”男孩会乖乖地听话。

妈妈如果微笑地对待男孩，男孩也会微笑地对待妈妈，这不仅可以使双方情感互动，更可以让男孩学会微笑地善待身边的人。

亲子间的微笑，也可以化解妈妈和男孩之间的争执和冲突。妈妈不妨以欣赏的眼光对男孩报以微笑，消除亲子之间的隔阂，这比语言沟通要好很多。

在日常生活中，妈妈要意识到微笑对于男孩的重要性，进而调节自己的情绪，微笑地面对男孩，与男孩和谐相处。

◎ 快乐积极地面对生活

只有抱着积极乐观的心态的妈妈，才会在面对生活时经常保持微笑。

妈妈保持微笑，才会创建一个温馨和谐的家庭，男孩生活在其中，必定会看到妈妈的微笑，进而体会到妈妈的关心，快乐积极地生活。

积极快乐的情绪对男孩的生活和学习有重要的作用，也是优秀男孩必须具备的素质。

每个人在成功之路上都会遇到困难和挫折，在和他人的交往过程中，也经常会出现不愉快，但是学会微笑地面对，就会多一份战胜困难和挫折的勇气，和别人的关系也会更加融洽，人生也就会更加辉煌。

◎ 给男孩发自内心的微笑

妈妈爱男孩常常会出现误区，不是爱得不够，就是爱得过度，在这样的爱中，对男孩的微笑就不可能是发自内心的。男孩看到妈妈似笑非笑或是大笑的面容，都会产生不良的心理情绪。

家长会上，老师批评了李霖。李霖扭头去看妈妈的反应，没想到妈妈正在用微笑的眼神看着他。

他当时一愣，虽不知道妈妈的微笑是什么意思，可是他分明感觉到了妈妈的安慰和鼓励，心里感觉特别温暖。

妈妈对男孩的爱要发自内心，真正地关心男孩，这样才会带来好的教育作用。当妈妈用微笑的眼神看着男孩的时候，男孩会无法抗拒这种力量，并将其转化为自己的前进动力。

◎ 用微笑鼓励或批评男孩

微笑不仅仅是个简单的动作，还是一种积极的生活态度。妈妈和男孩之间保持微笑，既拉近了妈妈和男孩的距离，又可以传达给男孩正确的人生态度。

李冰的妈妈是个很严肃的人。这天，妈妈回家后看着李冰打碎的杯子，竟然以不让他吃饭作为惩罚。

李冰委屈地给妈妈写了张纸条:“妈妈,我是在帮您刷杯子时不小心把杯子摔碎的。我的手也被划破了,请您对我多些微笑吧。”

妈妈看到李冰的纸条,心里触动很大,逐渐改变了对孩子的态度。

当妈妈看到男孩跃跃欲试地尝试做事时,要微笑地看着男孩,只要男孩是安全的,就不要上前帮助。当男孩的尝试成功时,妈妈还要给予积极的微笑,给男孩良好的情感体验。

在日常生活中,男孩做了好事或是取得了成绩,妈妈要微笑地鼓励男孩;即使男孩犯了错误,妈妈也要用微笑的方式“批评”男孩,这样,男孩会在妈妈的微笑中感受到友善。

男孩想什么，
妈妈要鼓励他说出来

比起女孩，男孩本身就有很强的逆反情绪，如果妈妈再不注意自己对男孩的教养方式，则会对男孩的健康发展造成消极影响。妈妈蹲下来和自己的男孩说话，男孩会把自己的妈妈当成亲密的朋友，和妈妈保持良好的关系。

很多妈妈抱怨进入青春期的男孩和自己的关系越来越疏远，儿子把自己的心思藏得很深，妈妈都不知道儿子在想什么。

蹲下来和自己的儿子说话，会让男孩意识到自己人格的存在，懂得尊重和信任，主动地将自己的困惑告诉妈妈。蹲下来和男孩说话，不仅是教育的方式，更是一种教子理念。

赵勋今年7岁了，是个很固执的男孩，只要是自己看上的东西就非要得到，否则就会和妈妈大吵大闹。

这次，赵勋全家和亲戚一起出去吃饭，同去的还有个和赵勋同龄的女孩，在饭桌上，那个女孩抢了赵勋最喜欢的位置，赵勋噘着小嘴不愿意坐到另一个位置上。

赵勋刚想说什么，妈妈立刻打断了："两个位子都是一样的，有什么好争的？你是男孩，应该让着女孩子。"

结果，赵勋一赌气，当天一句话都没有和妈妈说。

妈妈和男孩沟通最重要的就是要讲究平等和真诚，蹲下来和男孩说话，男孩会感到受到了尊重。妈妈对男孩的尊重也会赢得男孩的尊重，他会乐意和妈妈说心里话，妈妈也能更好地了解男孩的难题，帮助男孩顺利地度过青春期。

其实蹲下来和男孩说话只是妈妈的一个简单动作，而对男孩的意义则是妈妈对他的尊重。妈妈把男孩看作和自己一样平等的人，是对男孩存在价值的肯定。

很多妈妈喜欢用自己的权威地位对男孩颐指气使，这样往往不能起到预想的教育效果，反而会激起男孩的逆反情绪。妈妈要站在尊重男孩的角度来看待男孩的成长，培养出尊重自己、尊重他人的好男孩。

◎ 把男孩当作自己的朋友

沟通是妈妈与男孩之间交流的最好方式，这样妈妈在和男孩的沟通中能及时发现男孩的问题，从而对男孩进行指导。妈妈要注意男孩的内心需求，深入体会男孩内心的苦闷，鼓励男孩大胆地向妈妈说出自己的想法。

妈妈在和男孩沟通的时候，要站在听众的位置上去倾听他的想法，然后平心静气地和他交流想法，把男孩当成自己的朋友。

◎ 和男孩保持地位上的平等

男孩的内心很敏感，很重视妈妈对自己的态度，蹲下来在妈妈看来是个微不足道的动作，但是在男孩看来，却是妈妈在心理上和人格上对自己的平等态度。

6岁的赵华上幼儿园了，和其他伙伴相比，赵华明显成熟很多。别人都夸奖他是个懂事的男孩。这与赵华妈妈对他的教育方式有关。

妈妈把他看作独立的个体，每次赵华不听话或是犯了错误的时候，妈妈都会蹲下来和他说话，赵华的内心得到了尊重，也就能听进去妈妈的教育和建议了。

很多妈妈习惯于站着和男孩说话，并且经常采用命令的语气，以此来显示自己居高临下的地位。男孩对这样的妈妈表面上可能会尊重，但是内心不会赞同自己的妈妈。这对亲子关系会造成不利的影响。

◎ 不用命令的语气和男孩说话

男孩虽然年龄小，但是有独立的人格和尊严。他们希望妈妈以对待成人的方式来对待他们。

李文龙今年10岁了，一直都是个很听话的孩子，可是随着年龄的增长，妈妈发现他没有以前那么把妈妈的话当回事了。

一次聊天时，妈妈不耐烦地打断了李文龙的话，让他给自己倒杯水，语气还很强硬。李文龙没有说话，妈妈意识到自己的语气不对，立刻道歉，儿子这才高兴起来。

妈妈要求自己的男孩为自己做事时，要学会蹲下来，用请求的语气和自己的男孩说话，让男孩在妈妈的尊重中自觉自愿地做妈妈交代的事情。

◎ 放下成人的权威架子

不少妈妈受到长期的封建思想的影响，觉得儿子是自己生的、养的，他就应该听自己的。她们把男孩当作自己的私有财产，一旦男孩没有按照自己的意愿做事，就会站在成人的立场上摆出权威，丝毫不尊重男孩的感受。所以，妈妈要放下成人的权威架子和男孩说话。

秦太的学习成绩不怎么好，这天回家后闷闷不乐。妈妈看出了儿子的情绪，摸着儿子的头，还蹲下来和儿子耐心地分析他平时学习上的缺点和考试成绩不理想的原因。

秦太在妈妈朋友式的关爱中，总结了经验，下次考试果然取得了很大的进步。

男孩是独立的发展个体，有自己的特点和需求，心智尚未成熟，希望得到妈妈的理解和尊重，但是妈妈往往凭借着自己的权威地位，无视男孩的权利。

妈妈和男孩进行交流的前提是：蹲下来和自己的男孩说话。妈妈要放下权威的架子，才能与自己的儿子共同成长。

◎ 重视和男孩的心灵交流

妈妈在和男孩的交流中要注意深入男孩的内心，发觉男孩内心的想法，不管多忙，都要蹲下来，用眼睛注视着自己的儿子，认真听儿子幼稚或是成熟的话语。

早上，妈妈还没有起床，孟乐就跑到妈妈床边说："妈妈，我想吃点东西。"在征得妈妈的同意后，他迅速跑到客厅，发现自己昨天吃剩下的半个巧克力被爸爸吃了。

妈妈知道孟乐不高兴，就安慰他，下次替他保管巧克力，后来又给了他几颗巧克力豆，孟乐顿时喜笑颜开。

妈妈要和男孩进行心灵的沟通，就要和男孩站在同一个角度上、同一个高度上，让男孩在平等中加强和妈妈的交流。

多肯定男孩的闪光点，让他更信服你

妈妈要善于发现并肯定和鼓励男孩的闪光点，同时也要为之提供良好的环境。只要妈妈能够发现并及时加以鼓励和肯定，每一个男孩都是大有可为的。可以说，男孩的潜能是否能最大限度地得到发挥，关键在于妈妈，而不在男孩。

首先，妈妈在生活中要善于发现男孩的闪光点。有的男孩对音乐有天生的兴趣，如果男孩对音乐节奏十分敏感，对音乐十分入迷，那么这个男孩可能有音乐天赋，妈妈应该提供更多的“音乐奖励”，男孩一表现出这方面的兴趣，妈妈就应该用各种方式进行“奖励”。

有的男孩对颜色有很大的兴趣，并且经常在地上、墙上涂画各种东西，那么这个男孩可能有绘画的天赋，妈妈就应该为他购买画笔、颜色和纸，鼓励男孩画画的兴趣，还应该及时带他去观察大自然的风光，开阔男孩的视野。这些都算是对男孩的夸奖，对于开发男孩的天赋十分有益。

李煜的性格有些内向，常被其他孩子冷落，因此他不太喜欢出门，闲下来时就给家里的小狗洗澡、梳理皮毛，把学习和生活中发生的事编成故事说给它听。

妈妈担心儿子将来不能与人和谐相处，但转念一想，光着急也没有用，还不如引导孩子把说给小狗听的故事记录下来。

妈妈鼓励儿子把记下的故事讲给其他孩子听，居然很受欢迎，这让李煜感到了成功与快乐。不少孩子也开始要求李煜讲故事给他们听，时间长了，李煜的性格逐渐变得开朗起来。

其次要善于肯定和鼓励男孩。每一个男孩都具有天生向上的本能和把事情做好的自信。当男孩遇到挫折时，妈妈应该做的是给予男孩的信心；当男孩的成绩跌入低谷时，妈妈只需要告诉男孩一句话："你不比别人差，别人能做到的事情，你也能做到。"

这种发自内心的理解和鼓励，会使男孩正视和迎接困难，男孩也会因此有了精神的支柱和情感的依靠。

比如，男孩得了"优"，妈妈自然要夸他一番，更增强了他的信心。得"良""中"，肯定也是必然的，可以找找差距，但重要的依旧是夸。

即使很差，也要善于鼓励，不要给男孩"世界末日"之感，多帮男孩找一找原因，关键是要找出男孩闪光之处给予夸奖。在这种时候，千万不能让男孩失去信心。

尊重和爱是男孩的基本心理需要，由衷地欣赏、赞美男孩，需要妈妈学会从多个角度发现男孩的闪光点，用发自内心的喜悦感染、打动男孩，使其保持健康积极的心理状态。

可见，男孩在表现优秀的时候，最期望听到妈妈的鼓励与肯定。积极正面的肯定，才能使男孩感受到妈妈发自内心的爱和喜悦，给男孩带来愉快的心理感受，强化他正面的表现，促使他努力做得更加完美。

◎ 全面肯定男孩的小优点

妈妈发自内心的赞扬是引导男孩一步步走向真、善、美的动力。妈妈如果老把眼光盯在男孩的过错上不放，就会心生焦虑，对男孩的教育缺乏耐心与信心，会导致男孩往消极的方向发展。

在纠正男孩捣乱等错误行为的同时，用心发现他身上的优点，细心捕捉他的每一点进步，及时加以肯定和鼓励，男孩会逐步改掉不良习惯，强化优秀的品质。

◎ 欣赏男孩错误中的闪光点

在工作和生活中，成人因为期望得到别人的尊重与肯定，偶尔也会犯些连自己都难以置信的错误，小小年纪的男孩又怎么能够避免呢？

发生这样的事情时，妈妈一定要保持头脑冷静，客观分析男孩这样做的深层原因。如果男孩是为了获得尊重和肯定而犯的错误，至少有令人欣慰的地方：男孩想得到表扬，想要上进。

妈妈要肯定这一点，多找机会表扬男孩，满足他的心理需要，在此基础上引导男孩用正确的方式来获得肯定。

◎ 欣赏男孩的与众不同点

世界上没有两片完全相同的树叶，也不会有两个相同的男孩，每个男孩都有自身的特点。有着轻微自我封闭倾向的男孩，有时会更令妈妈觉得难以理解。

这些特点是男孩人格的一部分，简单的斥责和生硬的要求只能激起男孩的逆反心理，使他养成不健全的人格。

发现男孩具有负面的性格特点时，妈妈先要反省自己的教育方式，寻找男孩特殊性格中的积极因素，因势利导，帮助男孩一步步走出狭隘的天地，在人际交往和社会生活中找到更多的乐趣，使他逐渐成为一个优秀的男孩。

◎ 告诉男孩，你不比别人差

心理学研究早已证实：当男孩克服困难受到赞扬时，男孩自信的心理品质可以得到强化，他会更加努力地向这方面的困难挑战；如果男孩经常失败，一旦有成绩妈妈能够及时地给予表扬，男孩的自信心也能得到加强。妈妈要告诉男孩："你不比别人差。"

男孩一生下来就在学习，逐渐形成了自己的长处和短处，妈妈要尽量为男孩创造一种能发挥才能的良好环境，并尽己所能地走进男孩的精神世界。

在男孩需要帮助时恰当地教诲、指点、鼓励或奖励，让男孩充分地品尝成功或失败的滋味，在尝试中体验战胜困难或把事情做得更漂亮的快乐，使男孩的自信心增强。扬长避短，优先发展，是每一个妈妈的神圣责任。

不该说的时候一定不说，严守男孩的秘密

视野的扩大和知识的丰富，使男孩的内心变得敏感起来，感情也变得丰富起来。许多想法在心里产生，却不想让别人知晓，于是就有了自己的秘密和隐私。他们和妈妈的交流逐渐减少，把倾诉自己心情的对象转向了不会泄密的日记本或是仅自己可见的日志。

每个男孩都有属于自己的秘密和个人隐私，那是他们的私人空间。男孩希望那个空间是完全属于他的，自己是这个世界的主人，而不希望有任何人来干涉，包括妈妈。

随意揭发男孩的秘密和个人隐私，对男孩的伤害大于爱护。因为男孩的自尊在揭露中被践踏了。妈妈要尊重男孩的秘密和个人隐私，不要随意伤害男孩。

陈涛进入初中后，每次一回家就喜欢关上门。妈妈觉得很奇怪，不知道他在里面干什么，便会推门进去看看。

每次推开门，几乎总看到儿子在电脑上忙碌着，不是打游戏，也不是

看视频，好像在不停地记录着什么。

一次，儿子接了电话后匆匆出门，连QQ也没来得及下线。妈妈点进去一看，里面全是儿子暗恋女老师的隐私日志，有些话，妈妈看了都觉得脸颊发烫。

妈妈很气愤，等陈涛回到家后，妈妈质问道："你看看你的QQ日志，都写了什么？难怪最近学习成绩下降了，光顾暗恋老师了，能学好吗？"

陈涛很生气，觉得妈妈太过分了，好几天没和妈妈说话。

男孩有了自己的秘密和隐私，是男孩独立意识和自尊意识的一种体现。进入青春期的男孩，在这方面的变化更加明显。妈妈不尊重男孩的秘密和隐私，会伤害男孩的心理。

男孩渴望被尊重、被承认，尤其是在面对自己的秘密和隐私时，更希望能够得到尊重和保护。随着男孩的成长，妈妈慢慢地也会对男孩由担心转变为不信任。男孩进入青春期后，会慢慢走向独立，隐私、秘密也会随之增加。

妈妈尊重男孩的秘密和隐私，也是对男孩自尊心的保护。自尊心是男孩品德的基础，如果男孩的自尊心瓦解了，品德也会瓦解。青春期男孩的心理异常敏感，妈妈去刺探他们的隐私，会对他们造成很大的伤害。

妈妈要明白，男孩有了自己的隐私，并不代表在向妈妈隐瞒。每个人都会有隐私，男孩有隐私是一种很正常的现象。妈妈不希望男孩来窥视自己的隐私，男孩同样也不希望妈妈不尊重自己的隐私和秘密。

男孩的内心和情感是很脆弱的，如果妈妈想单纯地通过窥探男孩的隐私来把握男孩的成长轨迹，只会加剧妈妈和男孩之间的矛盾。妈妈要学着尊重男孩的秘密和隐私，帮助男孩顺利度过心理成长期。

◎ 加强思想交流，平等地对待男孩

随着男孩年龄的增长和独立人格的形成，男孩的秘密和隐私也越来

越多，他会用多种方式表达自己的心理及情感发展，却不愿意告诉妈妈。这就需要妈妈加强和男孩的思想交流，和他在思想上保持同步。

陈珂的妈妈发现，孩子进入初中以后，经常晚回家，有时还会浑身脏兮兮的，却没有向妈妈解释一句。

这天吃过饭，妈妈走进陈珂的房间，摸着他的头和颜悦色地和他说话，并询问他最近是否遇到了麻烦。

陈珂告诉妈妈，最近学校组织足球训练，他偷偷报名参加了。妈妈没有批评他，只是叮嘱他运动后不要喝冰水。以后，陈珂什么事都愿意和妈妈说。

妈妈可以主动和男孩交流，达到与男孩情感上的沟通，使男孩感到妈妈是可以信赖的朋友，这样，男孩就会主动和妈妈说自己的秘密，以期得到妈妈的理解和引导。

◎ 让孩子拥有自己的空间

男孩是独立的个体，妈妈应该尊重男孩的人格，给男孩适当的空间，允许男孩有自己的秘密和隐私。所以，妈妈不要动男孩的日记或是记录个人情感的文档、日志等，这样才能使男孩身心健康地成长。

妈妈爱自己男孩的心情是相同的，但是由于教育的方法不同，收到的效果也不一样。有的妈妈想要了解男孩的真实想法和内心的情感波动，就动用很多方法走进男孩的秘密世界，让男孩的秘密和隐私暴露无遗。

这种过度管教男孩的教育方式，效果甚微，这种关爱让男孩感到窒息，不利于男孩的成长发育。

妈妈要让男孩有自己的私密空间，既能放松男孩的神经，又能培养男孩的独立能力，也只有这样，男孩才能更平稳地度过青春期。

◎ 用朋友的心态和男孩谈隐私

男孩并不介意和妈妈谈隐私，只是怕妈妈过多管制和批判。妈妈如果用朋友的心态来和男孩分享隐私、秘密，想必男孩也不会太排斥。

其实男孩很渴望得到妈妈的指导，这样他们才能更有信心和力量地处理好自己的隐私问题。如果妈妈愿意承担这个角色，男孩肯定会欣然接受。

◎ 教会男孩解决烦恼的方法

男孩的独立意识虽然在增强，但是正确的人生观和价值观还没有形成，判断是非的能力也不够强。他们正处于成长的心理断乳期，往往不能处理好学业、情感、生活等各方面的关系。

因此，妈妈要留意男孩的思想动态，在与男孩充分交流的同时，要根据其性格，采取有效的措施，引导男孩正确对待自己的秘密和隐私。

事实上，男孩的隐私多是一些烦恼问题，妈妈要教会男孩正确的解决方法。妈妈只是传授方法，男孩也会乐意学习。

妈妈能够教给男孩解决问题的有效方法，不仅会让男孩把妈妈当成亲密朋友，也给了男孩最好的帮助，这是一举两得的方法。

当男孩有了自己的理想、爱好，甚至是异性朋友时，妈妈更要循循善诱，加以引导，让男孩在生活、学习中学会控制自己的思想和内心的秘密，不断排除和修正秘密及隐私中非健康的因素。

不管情况多糟糕，
都要避免跟男孩争吵

妈妈和男孩之间进行激烈的舌战，往往会陷入对彼此人格的攻击。妈妈的经验丰富，语言素材比较多，所以常以男孩失败而告终。男孩在激烈的舌战中人格被侮辱后，情绪上也会有阻塞，一旦想不通，容易出现自杀、自残的情形。

随着男孩年龄的增长，他们渴望独立的愿望也越来越强，需要表达各种个人意见，有了自己的主张。男孩的主张和妈妈期望的总会有差别，这样一来，亲子间常会为各种生活中的事情争吵，双方各不相让。

许多男孩和妈妈吵架，其实是男孩长大的表现，代表他有各种个人想法了。妈妈也要慢慢适应男孩逐渐独立的趋势，在和男孩的交流中，避免逞口舌之快，给男孩带来痛苦和伤害。

单卫今年9岁，他的个子在长，脾气也长了。假期写完作业后，单卫对妈妈说："妈妈，把电影卡给我，我和我们班王一然约好了，一起去电影院看电影。"

妈妈一听，有些不高兴了：“你怎么不和学习好的同学一起玩啊？王一然学习成绩那么差，你和他走这么近，有什么好处？”

单卫马上说：“妈妈你别这么功利好不好？我们只是一起看个电影而已，又不是一块出去打群架，有什么好担心的？”

妈妈生气了，说：“你现在长本事啦，敢跟我叫板，越来越不懂事了，小心我停你零花钱。”单卫也生气了，他说：“你就会威胁我，我真讨厌有你这种妈妈。”

就这样，两人陷入了争吵。

随着年龄的增长，男孩的独立意识更强烈，妈妈会突然发现，男孩不像以前听话，变得更叛逆了。例如单卫开始和妈妈激烈地顶嘴，以示自己的反抗，妈妈也会用力回击，最终严重伤害了单卫的自尊心。

妈妈和男孩激烈舌战，会控制不住地说出各种侮辱、讽刺的话，为了维护自己的尊严，不战退男孩不罢休。每一次激烈的舌战后，男孩的心中都多了一道阴影，增加了压抑感。

长期和妈妈争吵的男孩，会觉得特别不幸福，没有自由和尊严，甚至仇视妈妈。有的男孩和妈妈激烈争吵后，甚至会离家出走、自残。

因此，妈妈如果真的爱男孩，就要学会尊重男孩，尊重他的独立性、自主性，千万别用激烈的伤害性言语把男孩推得越来越远。

◎ 让男孩知道妈妈不喜欢争吵

妈妈和男孩进行舌战，多是言语上发生了冲突，而妈妈不喜欢男孩的表达，也成为争吵的导火索。

所以，妈妈要告诉男孩，自己不喜欢他的表达方式，引导男孩用更温和的语言讲出自己的要求和想法。这样一来，就能避免无谓的争吵。

◎ 要学会“冷处理”亲子矛盾

男孩随着年龄增长，和妈妈间的冲突会增多，妈妈不能因为反感、不赞同就一味抵触，否则容易激化矛盾。

王立和一回家就跟妈妈说："我们班上男生都有手机了，我也要一部。"妈妈说："你怎么不说，他们考试都能及格，就你不行呢。"

王立和刚想和妈妈争吵，妈妈说道："妈妈有点不冷静，你也冷静一下，我们一会儿再讨论这个问题。"

妈妈要学会站在男孩的角度看问题，当冲突发生时，先控制好情绪，等到双方都冷静后，再来讨论问题，这个时候的决定更理智，男孩和妈妈也都能接受。

◎ 在男孩冷静后与他积极沟通

和男孩保持良好的沟通，是应对和预防争吵的重要方法。妈妈要用心倾听男孩的想法，分析争吵的原因，预防以后继续争吵。

最近，王利的情绪很反常，不管妈妈说什么，他都冲妈妈大喊大叫。妈妈忍住怒火，对他说："你冷静后，再找我说。"

在王利冷静后，妈妈温柔地问他最近脾气暴躁的原因，妈妈这才知道自己几天前做的一件小事伤了儿子的自尊心，才导致这种情况的发生。

妈妈要从正面来看待男孩的争吵，毕竟这是男孩独立意识的表现，他们对事物开始有自己的主见。妈妈要在沟通中和男孩对话，引导男孩学会讲理，而不是争吵。

◎ 注意批评的语气，别激怒男孩

激烈的争吵，最初都源于语气不好。妈妈的语气或男孩的语气，都能成为争吵的导火索。亲子间想避免激烈的争吵，就要注意双方的说话语气。

妈妈做好晚饭，让爸爸和王超来吃饭。王超出于热心，帮忙拿碗，不料手一滑，摔碎了一个碗，妈妈生气地说："你真是没本事啊，拿个碗都拿不稳，真是白吃饭了。”

王超听着训骂，也不示弱：“不就是一个碗吗？三块钱一个，我又不是故意的，你用得着这样说吗？”

顿时，家里响起了母子俩激烈的争吵声，双方越说越激动，两个人都气得脸红脖子粗。

小小的语气中大有玄机，如果妈妈用亲切、温和的语气指出男孩的错误，男孩也会谦虚、理智地接受批评。

◎ 妈妈有过激言行，事后要跟男孩道歉

妈妈虽然是成人，有时也无法控制自己的情绪，说出一些过激的话或者做出一些过激的行为。有这样的言行后，妈妈一定要及时和男孩道歉。

李文瀚的期末考试又挂了一科，妈妈看着试卷说：“我都给你请家教了，你怎么还不见长进？真急人。”

李文瀚说：“我一直数学不好，也不是请一个月家教就能赶上的啊。”妈妈说：“你还顶嘴，我看着你就烦，赶紧给我滚到书房去反省。”李文瀚没说话，委屈地进屋了。

事后，妈妈想了想，觉得自己的反应有些过，便跟李文瀚认真地道了歉。

妈妈真诚的道歉，能够弥补对男孩的伤害。许多妈妈为了自己的面子，严重伤害男孩后，也丝毫不表达歉意，最终导致了男孩的仇恨、叛逆。

妈妈的命令声越大，男孩的反抗声越响

在和男孩交流时，妈妈使用的语气不同，沟通的效果就不同。妈妈板着脸用命令的语气和男孩说话，直接把妈妈和男孩之间沟通的桥梁破坏了。

因此，在教育男孩时，妈妈要平心静气地说教，尽量避免使用命令的语气，这样既保护了男孩的自尊心，又维护了良好的亲子关系。

晚上9点，妈妈提醒杭军该去刷牙洗脸了，杭军拿着杯子去接水，妈妈听到了水洒落在地上的声音，妈妈本以为杭军会把水擦干净，结果杭军刷完牙、洗完脸就去休息了，完全没有理会地上的水渍。

妈妈走过去对杭军说："如果地上有水渍的话，妈妈知道你肯定会擦干净的，因为你是那么负责任的孩子，你也是个孝顺的孩子，会担心奶奶晚上去卫生间滑倒，是不是？"

听了妈妈的话，杭军立刻拿着干净的拖布，把地上的水擦干净了，说这样就不害怕奶奶滑倒了。妈妈表扬了杭军，杭军也很开心。

很多妈妈认为，男孩是自己的，就该听自己的话，所以在教育男孩的时候，习惯站着和男孩说话，对男孩发号施令，将自己的思维方式和主观愿望强加到男孩身上，而很少顾及男孩内心的想法。

其实妈妈的权威不是靠命令和强制形成的。用命令的语气和男孩沟通，只能让男孩表面上服从自己，内心深处是不服气的，容易导致男孩的逆反心理，使妈妈和男孩的关系紧张，也不利于男孩完善人格的形成。

男孩虽然年龄小，但是有独立的尊严，渴望妈妈用平等的态度来对待他。一旦妈妈命令男孩按照自己的意愿做事，男孩就会产生逆反心理。

许多妈妈都有这样的困惑：自己需要男孩帮助做某些事情的时候，男孩总是听不进妈妈的话，甚至有时会假装没有听到妈妈的话，实在无法推脱的时候，就会故意做错，这正是男孩逆反的表现。

常用命令的语气对男孩说话，男孩会缺乏主动性，渐渐形成懦弱的性格，或是走向逆反的道路，对男孩的发展造成阻碍。

因此，妈妈在生活中要注意和男孩沟通的语气，尽量不要用命令的口气跟男孩说话，让男孩感觉到和妈妈处在平等的地位上，男孩感觉受到了妈妈的尊重，才会自觉地去做妈妈交代的事情。

◎ 认识到命令男孩的不良后果

妈妈用命令的语气和男孩说话，是无视男孩的独立意识，容易激起男孩对自尊的维护，使男孩变得叛逆起来，这样还会阻碍男孩心理和情感的健康发展，使妈妈在男孩心目中的地位下降，不利于以后对男孩的教育。

王文号今年刚上小学，但是已经学会和妈妈顶嘴了，其实这是因为妈妈的命令语气激起了他的逆反情绪。

妈妈意识到自己说话的语气不妥，主动改变了对王文号说话的态度，每次王文号帮自己做事后，妈妈都会表示感谢，夸奖他孝顺。现在，王文号和妈妈的关系很融洽了。

妈妈认识到了命令男孩的不良后果，就要自觉地改变说话语气，只有这样，才能达到更好的教育效果。

◎ 将男孩看成独立的个体

许多男孩总是和妈妈对着干，当妈妈要求他做某件事情的时候，也会不听话，造成男孩这种态度的主要原因是：妈妈的语气和态度刺激了男孩的逆反心理。

尹篮今年刚上三年级，但是妈妈已经把他当小大人看待了。在家里，妈妈从不用粗暴的强制性语气和他说话，即使是孩子不听话，妈妈也尽量用温和的语气与孩子沟通，久而久之，尹篮就学会了主动帮妈妈做力所能及的事情，并且还会自己照顾自己。

在妈妈的尊重下，孩子和妈妈的关系很好。别人都很羡慕他们母子。

妈妈要学会尊重男孩，将男孩看成独立的个体，只要改变一下说话方式，也许就会达到令人惊喜的教育效果。

◎ 用商量的语气和男孩说话

有的妈妈一味地想控制男孩，不允许男孩自己做事，而是单纯地下命令，不给男孩商量的余地，这是不明智的。

李鑫的妈妈一直都很强势，很喜欢掌控李鑫的一切。可是，通过学习亲子书，她知道了要和蔼地对待孩子，就决定以后用商量的语气和儿子说话。

这天，妈妈突然发烧，就用商量的口吻让李鑫给自己端水、拿药。李鑫出奇的听话，细心地照顾妈妈，这坚定了妈妈用商量的语气和儿子说话的决心。

妈妈要想达到好的教育目的，就要尽量用商量的语气和男孩说话，当妈妈不赞成男孩做某件事时，要向男孩解释原因，让男孩从内心意识到妈妈的良苦用心。

用商量的语气比用命令的语气更能引起男孩的情感共鸣，更容易使男孩真正地接受妈妈的建议。

◎ 用请求的语气让男孩帮忙

大部分妈妈都觉得男孩是自己生、自己养的，让男孩帮忙是理所应当的，于是，在让男孩帮自己做事的时候，就会心安理得地用命令的语气，但是，这样会令男孩感到不被尊重。

余明是个乖巧的男孩。妈妈下班后很累，想让他帮自己拿拖鞋过来："赶紧把我的拖鞋给我拿过来，让我换上。"但是余明看了妈妈一眼，像没听懂似的，继续玩他的玩具。

妈妈意识到自己的语气不对，便换了个态度，和蔼地对余明说："宝贝，妈妈很累，帮妈妈把拖鞋拿过来，好吗？"

余明听了妈妈的话，高兴地把拖鞋拿过来，还帮妈妈把换下的皮鞋放到鞋柜里。

男孩只有被妈妈尊重，才能学会尊重别人，这是男孩具备健康人格的首要条件。所以，妈妈在让男孩帮忙时，要选择请求的语气。

不强迫不惩罚，
你讲道理，男孩也不会不讲理

讲道理是一种与孩子进行良好沟通的方法，也是充分尊重孩子的体现。跟孩子讲道理要讲究一定的方法和技巧，这样才能达到良好的效果。

妈妈在面对男孩时，言语方面占有很大优势，并且有越来越不讲理的倾向。在许多家庭里，妈妈教导男孩时最经常出现的必属“听话”这个词了。

妈妈经常对男孩说“你在学校要听老师的话啊！”老师对男孩说：“回家要听妈妈的话啊！”但是鲜少有妈妈跟男孩解释为什么男孩要听话。

李瀚宇今年12岁，多才多艺，经常在学校各种文艺晚会上表演，深得老师和同学的欢迎。但是李瀚宇的妈妈并不希望儿子去参加这种“娱乐”活动，她认为李瀚宇最主要的任务是学习。

这天，李瀚宇拿到了期中考试成绩单，刚回到家，妈妈就迫不及待地问道：“成绩单发了吧？考得怎么样啊？”“老样子呗！”李瀚宇把书包往沙发上一丢，懒懒地说道。

“妈妈给你报的那个数学班挺好的啊，你怎么一点进步都没有呢？我看原因还是出在你参加那些什么歌舞上。我可告诉你，明天那个晚会，不管怎么样，不准去参加！”妈妈拿着成绩单一看，气愤地说道。

看到妈妈这么不讲道理，李瀚宇气冲冲地跑回房间，不再理妈妈。妈妈也非常苦恼。

据有关调查显示，大部分的妈妈认为，自己说的任何话，男孩都应该听。男孩一旦不听话，妈妈就会表现得特别烦恼。但是妈妈自己是否考虑过，要求男孩听的话，是不是都是必要的，合理的？还是为了给自己省一些麻烦，所以让男孩乖乖地听话呢？

每个男孩在某个时候做的事情都是有动机的，而男孩在那个时候做出的那种行为是他认为最恰当、最符合自己利益的方式。因此，当妈妈批评男孩的行为时，应该听听男孩的说法，给他们辩解的机会。

妈妈在教育男孩时，要做到以理服人。一味让男孩听话，难以取得良好的教育效果。平时跟男孩讲道理要合情合理，不能信口乱编，不可以苛求男孩。跟男孩讲道理要有耐心，而且要注意一定的方法和技巧，充分考虑到男孩的心理特征和理解能力。

学会跟男孩讲道理，让自己讲的道理男孩懂，男孩愿意听、会听，而且讲道理也是一种双向的沟通方式，因此，也要给男孩讲道理的机会。

◎ 让男孩学会倾听

要跟男孩讲道理，首先应该教会男孩倾听。一个不会倾听的男孩，同样不会听妈妈讲道理。

王图很不懂倾听，爸爸妈妈和他说话时，他也心不在焉的，好像压根儿没听到一样。

这天，王图光顾着看电视，连妈妈叫他吃饭也没有听见。妈妈也不像平时一样一遍一遍地叫他，直到王图想起来要吃饭，才发现已经没有饭了。

王图问了妈妈几次，妈妈都没有回答，然后才对王图说："妈妈不听你说话，你心里舒服吗？""不舒服！妈妈，我知道错了，以后我不再这样了。"王图回答道。

只有首先让男孩学会倾听，男孩才能听见妈妈讲的道理，妈妈说的话他才会放在心上。学会倾听需要掌握一定的技巧，妈妈注意在这方面对男孩多加培养和训练。

◎ 批评男孩时要说明理由

妈妈批评男孩时，一定要说明理由，而且理由要充分，给男孩树立讲道理的好榜样，这样才能让男孩信服，才能达到预期的教育效果。

南平今年10岁，学习不好，这天妈妈看到他的试卷，就开始数落他："怎么又考成这样啊？你自己想没想过，总考成这样丢不丢人啊？"

"有什么丢人的，又不是第一次考成这样！"南平还振振有词地说道。"你还有理啊？考成这样还好意思说？你说你一个小学生，天天就知道玩……"

结果，一次分析学习问题的好机会，变成了对儿子的声讨大会。

当男孩做错事的时候，妈妈不应该一味地批评、指责，而应该告诉他们为什么这件事不应该做或者不适宜做，粗暴的命令不能让男孩信服，难以促使他们改正缺点。

◎ 给男孩辩解的机会

当男孩做出不恰当的行为时，其背后肯定是有原因的。因此，当妈妈批评男孩的行为时，应该听听男孩的说法，给他们辩解的机会。

王乃是个很独立的孩子，这天，妈妈做完饭，发现儿子还没回来，打电话也没有人接，这让妈妈有点着急了，坐立不安地等儿子。

又过了一个小时，王乃终于出现在了门口。妈妈虽然生气，但却担心地询问儿子为什么这么晚才回来。

学会跟男孩讲道理，要给男孩辩解的机会，不应该不听男孩的解释就一味地生气或者责备他们。

◎ 鼓励男孩说出自己的想法

鼓励男孩说出自己的想法，这样才能充分了解男孩的想法，在彼此了解的基础上进行沟通，对他们讲道理才会产生良好的效果。

周日的下午，正在上书法兴趣班的李季突然哭哭啼啼地跑回了家，一边哭一边说："我不去上那个兴趣班了！"

妈妈马上迎上来，用纸巾为他擦眼泪，问他原因。得知是和其他同学闹矛盾后，妈妈鼓励他勇于承认错误。

鼓励男孩说出心里的想法，有利于营建良好的亲子关系，有利于妈妈随时把握男孩的真实情况。妈妈了解了男孩的情况，才能够对男孩不正确的一些想法进行纠正，将男孩的问题消灭在萌芽状态，使男孩健康成长。

妈妈做错了，道歉是最好的沟通办法

妈妈在教育男孩的过程中，难免会对男孩有一些误解、错怪或者不当的言行，能够勇于承认错误，才会得到男孩的尊重和信任。

而此时妈妈如果顾及自己的面子，认为向孩子道歉就会在孩子面前失去威信，明知道是自己的错误，也不向男孩说“对不起”，就会使遭到误解的男孩感到委屈与不平衡，自尊心受到伤害。

许多妈妈也知道自己错了，但就是拒不承认，而是加倍补偿孩子，以平息男孩心中的不满。妈妈死要面子不认错，导致男孩也认定诚实认错并非大事。

在日常教育中，妈妈都会要求男孩做错了事情要勇于承担、敢于认错、不找借口、及时道歉等，而自己犯了错误却不去践行这些原则，这也让男孩看到妈妈言行不一致的一面。

在这样的“榜样”作用下，男孩会学妈妈知错不改的行为，在男孩心目中，妈妈的形象也会大打折扣。男孩不再理会知错却不道歉的妈妈，导致妈妈与男孩之间出现沟通障碍。

男孩虽然是妈妈所生，但也同样是独立的个体，有思想，有尊严。妈妈应该平等地对待男孩，这就意味着相互尊重和信任，没有谁更有优势。

李俊以前和妈妈的关系很好，现在却闹得很僵。几天前，李俊想要个篮球，妈妈告诉他以后再买，李俊同意了。

不料第二天，妈妈发现自己的钱少了100元，就以为是儿子拿去买篮球了，指责儿子是小偷，任凭儿子怎么解释也不相信。

当晚，妈妈得知是李俊爸爸临时拿了自己的100元钱，很后悔，却不肯向儿子道歉，两人的关系开始疏远。

在男孩不能独立生活、长大成人之前，妈妈担负着教育男孩的重任，要更加注意自己的一言一行对男孩的影响。

事实上，妈妈和男孩之间是平等的，有了错误及时向男孩道歉，并不会影响妈妈的威信，相反，男孩在妈妈道歉的行为中，能够感觉到自己被尊重，就会在原谅妈妈的同时更加亲近与信任他们。

男孩是可以分辨妈妈的真诚和虚伪的。男孩再调皮，在面对妈妈真诚的道歉时，也会抱以真诚的感激，会比成人更顾及人在道歉时的尊严。

男孩从妈妈勇于道歉的榜样中，知道了有错就改及伤害了别人就要及时纠正的重要性，逐渐养成尊重与平等待人的好习惯，这样才能让男孩健康成长。

妈妈既不能学上例中李俊的妈妈，明知道错了却不向男孩道歉，也不能像某些妈妈那样，为了取悦男孩，不分是否应该道歉就随意给男孩道歉。

这两种极端行为都会影响妈妈在男孩心中的形象，前者会失信于男孩，后者将失敬于男孩，对男孩的健康成长都不利。

◎ 给男孩树立知错就改的榜样

妈妈教育男孩时，难免有情绪失控不听男孩解释的时候，此时妈妈的言行会伤及男孩的自尊。妈妈明白真相后，要放下所谓的“面子”，及时地向男孩认错。

尹民是初二的学生，知错就改，让妈妈省了很多心。尹民之所以能这样，与妈妈主动向他道歉有关系。

有一次，尹民被老师留下补课，很晚才回到家。妈妈很着急，以为他与同学们一起出去玩了。后来得知儿子是真的在补课后，妈妈感觉很抱歉，立刻向他道了歉。

尹民在妈妈知错就改的榜样作用下，有了错误也能及时认错。

这样不但能得到男孩的原谅，而且加深了男孩与妈妈的关系，为良好的沟通打下基础，同时，还会使男孩也养成知错就改的好品质。

◎ 错怪了男孩，别怕说“对不起”

当妈妈发现自己做出了不恰当的言行时，应该及时向男孩说声“对不起”，真诚地请求男孩的原谅，而不应该消极逃避或者故意忽视。

李忠秀的妈妈要求他必须听话，经常因误解责怪孩子，知道真相后也不对孩子说“对不起”，怕丢掉了自己在孩子心目中的威信。

有一次，猫跑桌上把碗弄到地上摔碎了，妈妈以为是李忠秀把碗打碎了，对他责备了一通，结果引起了李忠秀的反抗。

李忠秀的妈妈忍住怒火，对儿子说：“对不起，孩子，是妈妈错怪你了，以后妈妈改正。”

每个人都会有错，妈妈也一样，误解了男孩，就应该向男孩承认自己的错。只有平等对待男孩，才会赢得男孩的尊重和信赖。

◎ 不要随意向男孩道歉

妈妈与男孩之间应该保持平等、民主的交流方式，妈妈既不能对男孩采取专横的行为，自己有错误不承认，也不能由于溺爱男孩而失去自己的尊严。

金成的妈妈认为教育孩子要采取平等的态度，有了错误应该向孩子道歉，这使妈妈越来越没有原则。

每次在儿子不高兴的时候，妈妈就会向他道歉，以此博得他的欢笑。慢慢地，金成喜欢上了妈妈低声下气地向自己道歉的感觉，常常创造这样的机会，然后拍手大笑。

无原则地向男孩道歉，虽然看似与男孩的关系很好，但却不能赢得男孩的真正尊重与爱戴，反而会让男孩看不起妈妈，所以，道歉也不是越多越好。

◎ 要感激男孩的宽容

男孩面对妈妈的道歉，会更具宽容心。只有妈妈真心认错，才会得到男孩的感激与宽容。同时，妈妈面对男孩的宽容，也要表示感激。只有这样，才会将母子关系联系得更加紧密。

王航旺八岁了，已经有了自己的心事，喜欢写日记，妈妈出于好奇，经常偷偷翻看。一天，他生气地找到妈妈说："你是不是偷看我日记了。"

面对儿子的质问，妈妈也觉得错了，便诚恳地认错了。王航旺看到妈妈认错了，就说："我不怪你了，你以后想看，跟我说一声就行了。"妈妈很感谢儿子的宽容。

妈妈道歉后获得宽容，也要表达自己的感激。男孩尚且能做到宽容，妈妈更应报以感激。其实男孩比妈妈想象中更懂事，他们疼爱父母，也真心希望获得父母的尊重与疼爱。

妈妈讲道理，男孩才会被说服

妈妈要把自己放在和男孩平等的位置上和男孩沟通，做到以理服人，这样才能更好地教育男孩，让男孩信服。

随着男孩年龄的增长，自主意识会越来越强烈，但由于男孩自身经验和社会阅历不足，肯定会犯这样或那样的错误，妈妈选择合适的教育方式，对男孩的成长起着重要的作用。

很多妈妈会选择采用非打即骂的方式，认为这样教育，男孩才会听话，但是这样的方式教育出来的男孩，容易和妈妈产生对抗情绪，达不到教育男孩的目的。

家庭教育的目的是要让男孩明白自己的错误，这样男孩才会知道应该怎么做才好。如果妈妈采取打骂的方式，会伤害男孩的心灵。

韩毅的妈妈喜欢收集邮票，韩毅在妈妈的影响下，也对邮票很感兴趣。有一天，妈妈回家后，看见有几张邮票散落在自己的集邮册之外，还有一张已经被弄皱了。

妈妈很生气，问韩毅怎么回事，韩毅解释说自己拿出来看，往回放的时候可能没有放好。妈妈原谅了他，并且告诉他："这些邮票都很珍贵，你一定要爱惜它们，不要把它们拿出来。"韩毅听了，点了点头。

后来，韩毅又趁妈妈不注意，把邮票拿出来看。在被妈妈发现了三次后，妈妈就很严肃地告诉他："这些邮票是妈妈的珍藏品，下次你看的时候，要经过我的同意，不然你就不可以动它。"

妈妈的话果然起到了作用，韩毅再次想看邮票的时候，就先得到妈妈的同意，再和妈妈一起看。

妈妈应该学会和男孩讲道理，用道理帮助男孩认识到自己的错误。这是和男孩保持良好沟通的重要途径，也是尊重男孩的表现。

男孩年龄小，还难以理解很多深奥的道理，但是男孩也有很高的悟性，能够听懂妈妈讲的浅显的道理。此外，他们也能从妈妈的语言和表情中理解妈妈的意思。

妈妈要在男孩犯错误后，对男孩因势利导，而不能采用打骂的方式。要耐心地和男孩讲道理，帮助男孩分析错误的原因，告诉他如何改正错误，这样才会真正帮助男孩。

◎ 拒绝用打骂的方式教育男孩

很多妈妈喜欢采用打骂的方式教育男孩，这样的教育方式不但起不到好的教育效果，还会造成亲子关系的隔阂。妈妈要把自己放在和男孩平等的角度，和男孩沟通，用讲道理的方式来说服教育男孩。要认识到打骂教育是教不出好男孩的。

教育的目的，是帮助男孩更好地成长，让男孩明白自己的错误。妈妈教育男孩的时候，要给男孩说明理由，否则，男孩不知道自己的错误在哪里，也就谈不上改正了。

◎ 批评男孩时要有理有据

妈妈采用讲道理的方式教育男孩时，所讲的道理要合情合理，要有依据，不能信口胡说。要符合男孩身心的发展规律，在男孩可以接受的范围内，跟男孩讲道理。否则，男孩不但不会服气，还会滋生逆反情绪。

王晓松喜欢看电视，每天放学后，他不做作业就坐在电视面前看节目。妈妈也是“电视迷”，王晓松在客厅看，妈妈在卧室看。

有时候，妈妈意识到男孩不做作业的严重性，就过去批评男孩：“不能再看电视了，对眼睛不好，赶紧去写作业。”

王晓松反驳道：“你的眼睛就不重要了吗，你天天看，还说我呢。”妈妈很生气，但也说不出什么，她知道自己的道理不充分。

对于爱看电视的妈妈，如果妈妈以看电视对身体有害而要求男孩做作业，是不会对男孩起作用的。因此，妈妈要注意自己的言行，自觉约束自己的行为，讲的道理要合情合理，男孩才会真正受到教育。

◎ 掌握好说服和教育的时机

妈妈选择恰当的时机和场合对男孩进行教育，是保证教育效果的先决条件。男孩一般好动，没有固定的时间听妈妈讲道理。在男孩吃饭、玩得高兴时，妈妈近乎强制性的道理和批评，是不会起到预想的效果的。

李亮妈妈的同事邀请他们一起吃饭。在饭桌上，李亮看见自己想吃的菜，就吵着让妈妈给他夹菜。

妈妈觉得儿子不懂礼貌，但又认为不能伤害儿子的自尊心，于是帮儿子夹了菜，还用暗示性的眼神告诉儿子要有礼貌。

回家后，妈妈又给李亮讲了很多饭桌上的规矩，李亮很感谢妈妈当时没有批评他，并说以后一定会注意的。

妈妈要在男孩静下来的时候，对男孩进行教育，并且不要在外人面前批评男孩。应该尽量选择妈妈和男孩的情绪都稳定而且私密的场合下进行批评教育。

◎ 采用恰当的说服方法

妈妈说服教育男孩的方法很多，如果运用得不恰当，就会引起消极的效果。男孩出现错误行为，妈妈讲道理一定要及时，不要等事情过去很长时间后，再对男孩进行教育。

男孩的接受能力有限，妈妈讲的道理不要过于深奥，同时，妈妈最好用男孩身边的实例来教育男孩，这样男孩更容易接受。

妈妈对男孩的说服教育，既要以理服人，又要重视和现实的结合，让男孩在生动的例子中发现自己的问题，改正自己的错误。

第五章
妈妈怎么培养男孩的人品，决定他的人格魅力

自信的男孩，走到哪里都是最闪亮的一个
越乐观、越阳光、越积极，得到的会越多
讲信用的男孩靠得住，也最受欢迎
成大事，要让男孩如磐石般坚韧和顽强
培育仁爱之心，激发男孩的无我精神
对别人多点宽容，男孩的生命便多了点空间
男孩懂得分享，身边才能吸引更多人
谦虚做人，懂得适当低调的男孩更有魅力
不管生活是否顺利，都让男孩心怀感恩

自信的男孩，走到哪里都是最闪亮的一个

自信在男孩的成长过程中起着很大的作用，自信是男孩取得好成绩和不断进步的动力。男孩拥有足够的自信，就能积极进取，勇于尝试新鲜事物，敢于接受各种挑战。反之，则表现出胆怯、害羞，不敢突破自己去面对新情况，这会使男孩丧失许多锻炼的机会，进而阻碍男孩身心的正常发展。

金竹平时在妈妈眼里是个成绩很优秀的孩子，他学习好，平常小测验在班里数一数二，个性又安稳。但每次遇到大型的考试，他却总让妈妈失望。其实这是自信心的缺失造成的。

每次考试前，金竹都会进行系统的复习，本应该信心百倍的，可是他没法战胜内心的胆怯情绪，总是发挥失常。

不仅是考试，在其他事情上，金竹也表现得非常不自信，导致能力很难得到提升。

男孩缺乏自信的现象随处可见。曾有各种针对男孩自信的调查，发

现超半数的男孩对自己的外貌、学习、交际缺乏自信。

但是专家进一步调查却发现，这些男孩并没有他们自己说的那样有那么多的缺点，可见男孩缺乏自信对心态的发展具有无形的危害。

妈妈的教育对男孩自信心的培养有着至关重要的作用。妈妈一味地以为夸奖男孩会让男孩翘起小尾巴，所以，不怎么夸奖男孩，但是说起男孩的缺点却滔滔不绝。

尤其有一些妈妈喜欢在外人面前不给男孩留面子，拿自己男孩的缺点和别的男孩的优点比较，使男孩的自信心受挫，越来越不自信。正是在妈妈这种错误的教育方式下，男孩的自信逐渐消失。

男孩逐步摆脱对妈妈的依赖，自我认识能力迅速增强，这个时期一个很重要的任务就是学会自我肯定，树立自信心。自信是男孩成功的秘诀。妈妈要学会欣赏自己的男孩，不断鼓励男孩，保护和培养男孩的自信心。

自信心是男孩一生中可靠的资本，是男孩成长过程中的精神食粮，它能使男孩努力克服困难，排除各种障碍，有助于男孩更好地表现自己，顺利实现自己的愿望。

自信心对男孩的成长有举足轻重的作用。那么，妈妈应该如何帮助男孩树立自信心呢？

◎ 用倾听暗示对男孩的重要性

培养男孩自信心重要的一点就是要善于倾听，做男孩的朋友。妈妈要花时间倾听男孩的想法，让男孩觉得妈妈很在乎他的思想，这样男孩在不知不觉中就建立起了自信心。

男孩和妈妈在人格上是平等的，妈妈在倾听男孩说话的时候要尽量蹲着，保持和蔼可亲的态度，尊重男孩讲话的内容，认真听取男孩的看法，适时给予男孩鼓励，保护他们的自信心。此外，妈妈自己也要表现得自信，因为男孩对妈妈的表现非常敏感。

◎ 适时地鼓励，帮男孩树立自信

男孩往往具有很强的自尊心，但是粗心的妈妈一般都没有意识到这一点。男孩对于妈妈的评价有敏感的反应。他们能敏锐地觉察到妈妈对他们的态度，并且根据妈妈的态度来调整自己的行为。

妈妈要分析男孩的心理，善于抓住男孩的闪光点，不失时机地给以鼓励，点燃其自信的火花。妈妈在鼓励男孩的时候一定要发自内心，千万不能对男孩表现出不信任的态度。

培养男孩的自信，妈妈要放手让男孩去做，只有在做事情的过程中，男孩才能产生对自我的认知，才会相信自己能行。所以妈妈要鼓励男孩不要怕失败，要勇于尝试。

生活中有很多事情对男孩来说都是第一次，在诸多第一次面前，男孩可能会犹豫彷徨，担心自己做不好而不敢去尝试，但如果不去尝试，就永远会把自己的脚步限在门外，也就永远不会踏进去取得成功。所以，妈妈要鼓励男孩勇于尝试，尝试是增加男孩自信的一个好方法。

◎ 让男孩在成就感中培植自信

过多的失败体验会让男孩否定自我，而成功的体验会帮助男孩获得认同感和成就感，可以帮助男孩在成功的喜悦中培植自信心。

赵禀是个自信心不足的孩子，妈妈为了激发孩子的自信，经常根据他的水平准备一些简单的事情让他去做。

一天，妈妈买来一个简单的拼图，看到赵禀露出担心的神色，妈妈鼓励他："你一定能拼好的，试试看？"

在妈妈的鼓励下，赵禀行动起来，果然经过一个多小时的努力，成果终于出来了。妈妈说:“现在相信自己的能力了吧?”赵禀自信地点点头。

通过小的成功能激发男孩去争取大的成功,所以,妈妈要多给男孩创造获得小成功的机会,以增加自信。

◎ 给男孩适当的表现空间

每个男孩都是独立的个体,他们天性活泼好动。他们渴望拥有属于自己的空间,男孩在与其他小朋友的交往过程中更容易树立自信。

妈妈不能用爱束缚和压抑男孩表现自己的机会,而要为男孩提供表现自己的活动和机会,在活动中既能锻炼男孩的能力,又能培植男孩的自信。

◎ 不要伤害男孩的自尊心

男孩有被尊重的心理需要。男孩的自信源于对其的尊重。妈妈要记得不要在外人面前批评男孩,也不要随意用打骂的方式来教育男孩。而应该把男孩看做小大人,当男孩犯错误的时候,用恳切的语言来教育男孩;在他取得成绩的时候,用真诚的鼓励来保护男孩的自尊心和自信心。

自信的男孩是成功的男孩,妈妈要让男孩意识到自信对男孩的巨大促进作用,并从小事着手培养男孩的自信。

◎ 培养自信不可操之过急

妈妈对男孩的期望值不要超过男孩的实际水平太高,不然,男孩很难在短期内实现。如果男孩一直达不到妈妈的要求,就会怀疑自己的能力,就会开始松懈,不再努力追求。

妈妈的要求要稍微高出男孩实际水平一点点,就像树上的果子,跳一跳脚就能够得到,男孩就会非常乐意去干了。

妈妈应帮助男孩分析实际情况，制定合理的目标，一旦目标达到，就可以让男孩享受成功。妈妈也可以和男孩在一起做游戏，在游戏中有意识地帮助男孩完成自己想做成的事，进一步让男孩从成功中获得自信。

越乐观，越阳光；越积极，得到的会越多

乐观的人往往能在平凡的生活中找到快乐，能微笑着面对困难挫折，能巧妙地处理尴尬，能使自己一直处在欢乐中，同时也让快乐感染周围的人。

乐观的心态是一个人能够获得幸福生活的保证。一个人的幸福不是因为金钱、名誉、地位，而是因为乐观，因为拥有一颗平常心。乐观的人能够用积极的眼光看待所发生的任何事情，能够勇敢地面对困难挫折。

如果没有乐观的心态，就会很容易被一点小事影响心情，甚至夸大事态的严重性，终日惶惶不能安心，这样不仅影响自己的情绪，久而久之，还会影响到自己的身体健康，所带来的后果是很严重的。

金国是个很乐观的男孩，整天乐呵呵的，即使遇到伤心的事，也不会太久影响他的心情，这得益于妈妈的教育。

一天，金国心爱的小狗生病死掉了，很难过，妈妈安慰他说："妈妈知道你很伤心，想哭就哭吧，有时间妈妈再给你买一只小狗。"

金国一听，立刻说："不要了，我们不养小狗了，它们总爱生病。下次养小猫吧！"妈妈说："好啊！"很快，金国的情绪平静下来，然后拿出一支笔，开始画起画来。

一会儿，一只小狗就出现在纸上。金国笑着说："它会一直活在我的记忆里的。"

一个乐观的人是受大家欢迎的，他带给别人的是轻松快乐；而且乐观的人是积极热情的，他能替别人着想，为别人排忧解难，让自己用乐观的态度去影响别人。没有人会拒绝和一个乐观的人交往。

妈妈从小就培养男孩乐观的心态，对男孩的成长非常有利。乐观让男孩从小就无忧无虑地快乐地生活；能够使他们勇敢地面对困难和问题，勇于尝试，即使失败，也一笑置之。这种乐观的心态，会为男孩以后的成功做好铺垫。

心态和性格有很大的关系，但是后天的教导和培养，能够使男孩慢慢养成乐观的心态。只要妈妈能给男孩一个快乐的环境，能在男孩忧虑时给予积极的引导、鼓励，男孩就会成长为一个乐观的人。

◎ 做个乐观的妈妈

乐观的妈妈会让男孩的生活充满阳光，会给男孩一个轻松愉快的家庭氛围。在这样的环境中成长的男孩，自然多了一份欢乐，少了许多忧愁。

王伦和的妈妈很乐观，即使没事的时候，妈妈的嘴角也是上翘的。王伦和很喜欢和妈妈在一起，感觉妈妈浑身散发着温暖的气息。

妈妈有很多朋友，经常愁眉苦脸地来找妈妈诉苦，或让妈妈帮忙解决问题，妈妈总能让他们笑着离开。王伦和就问妈妈有什么魔力，能把快乐带给别人，妈妈笑着说："这就是乐观的心态。"

所以，妈妈要做到开朗、积极、坚强、幽默、笑口常开，男孩自然会受到快乐的熏陶，成为一个快乐的男孩，这是培养男孩乐观心态的基础。

◎ 增加男孩的自信

自信的男孩相信自己的能力，他们面对生活、学习中的一些问题时，能够从容应对，恰当解决。

安利是个很自信的孩子，整天乐呵呵的，同学们都很佩服他处变不惊的态度，羡慕他每天这么快乐。

在一次体育考试前，安利的脚扭了，同学们想，这次看他还怎么乐得起来，体育成绩肯定会打破他一贯优秀的纪录了。

安利依然像一点事都没有的样子，正常上课，经常自己给自己按摩。考试的时候，虽然脚还没完全好，但是他尽了最大努力，对结果也感到很满意。

自信的人的字典里没有放弃。他们对待问题会更加理智和积极，所以，妈妈培养男孩的自信，是增加男孩乐观的一个最快捷的通道。

◎ 让男孩学会多角度看问题

妈妈要让男孩学会反面思考，不要总是盯着眼前的损失，要懂得“塞翁失马，焉知非福”的道理，这样就会坦然接受当前的事实，期待事情会有好的转机。

很多事情都不是绝对的，好的事情可能最后会变坏，而坏的事情可能后来的结果却很好。只有懂得辩证思维，勇于接受既成的事实，然后从事情的反面出发，才能让事情往好的方面转化，这是乐观的人最常采用的方法。

比如男孩这次考试成绩不理想，就要帮男孩找到问题所在，然后去解决它。妈妈要让男孩明白，通过一次考试，暴露出自己的问题，应该说是一件好事。

◎ 告诉男孩“那很正常”

告诉男孩，要把任何困难、挫折、意外的发生，都当作平常事，就会使他接受这件事，并且具有一颗平常心，不至于在遇到失败或困难的时候，无所适从，感觉天都要塌下来了。

妈妈可以告诉男孩，遇到什么事都要告诉自己“那很正常”“没什么大不了的”“我应该能解决它”等，在这样的语言激励下，男孩就会把事情的严重性缩小，然后勇敢地去面对。

◎ 让男孩不要杞人忧天

很多悲观的人总是杞人忧天，对没有发生的事就开始担心，对已经发生的事就会夸大事情的严重性和危害度，这样永远不能摆脱一种担忧的心情，也永远乐观不起来。

妈妈要告诉男孩，要养成乐观的心态，就不能杞人忧天。对一些事情不能过于担心，未雨绸缪是好的，可以为事情的发生做好准备，但过犹不及，一定不要拿根本没有的事来给自己施加压力。

讲信用的男孩靠得住，也最受欢迎

男孩不守信用,就会让男孩的身边愿意和他合作和分享的人越来越少,也会影响到男孩正常的人际关系发展。

妈妈要让男孩学会遵守自己的诺言。答应别人的事,就一定要办到。如果说自己还没有办到的能力,就应该诚恳地向对方说明原因,不要轻易地答应别人。这样男孩就会认为,诺言是很重要的,要一诺千金。

安焕和同学们一起到海边玩。大家都说好了,要带好自己的工具,做沙城。可是他觉得东西太多了麻烦,就没有带。

安焕一会儿要借这个,一会儿要借那个。说是用五分钟,结果十分钟了,还是不见他有还的意思。结果借了两三个人之后,大家都不愿意再借工具给他了。

安焕只好自己一个人用手和贝壳做工具,结果,他的沙城建得最小,也最不成样子,这让他很沮丧。

男孩在还小的时候,对于信用的理解也会比较模糊。这样一来,很多时候也不知道什么是对的、什么是错的。妈妈就要在男孩还小的时候，在生活中向男孩灌输要说话算话的思想意识。而且自己在男孩身边，也要做到说话算话。

妈妈是男孩的榜样，对男孩的行为有很深的影响。如果妈妈在男孩身边，也做不到信守承诺。当男孩出现不守信用的情况时，也就不足为怪了。

诚信是一个人的立身之本，要想与人合作，一个最基本的前提就是守信用。只有一个人守信，大家才会愿意与他合作，一起共事。

一个讲信用的人，也更容易获得别人的尊重和敬意。教男孩要讲诚信，其实也就是在教男孩要好好做人。当男孩要想答应别人什么事时，一定要让男孩先三思。

现在有很多妈妈，对男孩的教育是要聪明一点，不能在人前太老实，这样子是会吃亏的，鼓励男孩不讲诚信。男孩还小，却表现出了像成人一样的世故。

这些现象都和妈妈对男孩的教育观念有关系。妈妈的提倡往往也就成了男孩的言行表现。尤其是在一些不好的、不文明的言行上的鼓励，男孩会学得更快。

诚信的培养是需要妈妈和男孩一起来努力的。真想与人好好地合作，还是要提倡以诚信为本的。如果让男孩养成了不守信用的坏习惯，最终害的还是男孩。

◎ 妈妈要对男孩守承诺

妈妈不要随便轻易地许给男孩很多承诺，最后自己又不能够实现，并且不向男孩作一个合理的解释。

对妈妈的不守承诺，在刚开始的时候男孩会非常气愤，等到已经习惯了之后，就开始自己也不守信用起来。

王明的妈妈，平时很喜欢用空头支票来打发他。每次都会哄着他说：“你今天早点睡，明天就让你多和小朋友玩半个小时。”结果第二天，还是要按老样子来。一般情况下，答应十件事，有一半能兑现，就是很不错的了。

王明有时候也和妈妈吵。可是自己还小，怎么都说不过妈妈。最后，还是被强迫执行了。这让他很气愤，经常为此懊恼半天，却又无力反抗。

当妈妈责问男孩的时候，他们会用他们稚嫩的声音来争辩。“你还不是说话不算话，为什么就要来说我呢?”是啊，妈妈都不能在男孩面前遵守自己的承诺，却要让男孩来遵守，就有为难男孩了。

◎ 让男孩在承诺前先三思

妈妈要让男孩明白，自己承诺的重量。在每次要答应别人什么事之前，都要先想一想自己能不能办到。

如果没有这个能力，就要让别人去找其他人来帮忙，否则，就会渐渐地失去别人的信任。诺言承负着一定的责任，一定要让男孩体味到这份责任的重量。

◎ 表扬男孩的诚信行为

男孩不是生来就不讲信用的，在男孩刚刚学会为人处事时，也会考虑到，自己是不是要做到说话算话。

星期天了，妈妈想带李利民去书店，可是他却拒绝了。妈妈觉得很奇怪，也有一点儿生气。说：“你不早就吵着要和我去吗？怎么现在答应你了，你又不去了，害我瞎准备啊。”

李利民听后，就跟妈妈说：“我已经答应让我的几个好朋友星期天一起到家里来玩游戏了。总不能说话不算话呀。”妈妈一听，就对他树起了大拇指，说："儿子做得对。"

很多时候男孩的表现让大人都汗颜，他们会为了遵守自己的一个小小的诺言而付出很多努力。妈妈在男孩有这种表现的时候，要及时地给予男孩表扬。

◎ 批评孩子的不守信行为

妈妈发现男孩出现不讲信用的情况时，一定要提出批评。要让男孩明白，自己的行为是不受妈妈和大家欢迎的，不要采取漠视的态度。

否则，男孩在心理上一点儿负罪感都没有，觉得这是一种很正常、很自然的事情。如果这样，那么"诚信"两个字就更难在男孩的心里生根发芽了。

◎ 诺言实现不了，要给男孩解释

原则上，妈妈答应男孩的事情要努力做到，如果因为某些不可抗拒的因素导致诺言无法兑现，妈妈一定要给男孩解释清楚。

在男孩答应了别人某事却没有办到之后，妈妈要让他给别人一个解释，请求别人的原谅，这也是对自己承诺的重视。

如果真的是事出有因，办不了，别人也会给予原谅的。千万不能没有办到答应的事，还要赖不承认。这会很快影响到男孩在别人心中的形象，也会被扣上一顶不讲信用的帽子。

成大事，
要让男孩如磐石般坚韧和顽强

坚韧的意志力是男孩成功必备的心理品质，它是保证和维持男孩奋斗的内在心理力量。俗话说："志不坚者智不达。"一个没有坚韧意志力的男孩，即使拥有过人的才华，也难以取得成就。

因为才华只能决定一时的成败，而人生的成功必须通过克服重重困难，必须依靠男孩坚韧的意志力的辅助才能实现。

事实证明，三天打鱼、两天晒网的学习或者工作难以实现人生的目标，也不可能取得成功。只有日复一日地努力，不怕困难，勇于迎接挑战的男孩才能在人生的战场上取得胜利。

池贤有一个很不好的习惯，就是当他做一件事情遇到困难时，就轻易地放弃。在他的观念里，坚持就是浪费时间。

池贤上幼儿园的时候喜欢上了跆拳道，他身体发育不错，刚到跆拳道馆学习时，老师非常器重他，他也很认真地学习。

但是，他在学习时遇到了一些动作，练习了很久也没有掌握准确的要领，就不耐烦了，告诉妈妈不再去学习。

妈妈没有勉强他，也没有发现这是因为儿子没有毅力导致的，结果到现在，池贤都没有发展一门特长。

著名科学家爱迪生曾说："很多生活中的失败，是因为人们没有意识到，当他们放弃努力时，距离成功是多么近。"这句话尖锐地指出了坚强的意志是成功的必要条件。

这个世界上并不缺少拥有伟大梦想的人，但是许多人在走向梦想的路上没有坚持下来，遇到困难就对自己的能力产生了怀疑，没有勇敢地面对困难和挑战。成功和失败有时也许只有一门之隔，许多人却因为缺乏坚韧的意志力而没有能够推开这扇门。

心理学家研究表明，坚韧的意志包括自觉性、坚毅性、自制性和果断性四个基本因素。男孩缺乏意志的表现主要有：男孩从来不自觉地学习；男孩学习时没有恒心，总是半途而废；男孩学习时总是受到玩具、游戏的诱惑；男孩做事时犹豫不决，不能果断地下决定。

当然，男孩年纪小，缺乏知识的积累和必要的生活阅历，这使他们的意志力水平相比成人来说更低一些，这也是正常的表现。但是对于男孩缺乏意志力的行为表现，妈妈不能听之任之，而应该有意识地进行引导。

如果妈妈能在早期教育中在男孩心里播下意志力的种子，那么男孩在以后的生活和学习中必然能够表现出更坚韧的意志力。一个意志坚韧的男孩，对于学习和生活中的种种压力和挑战都能勇敢地面对和承担，从而积极地应对。

事实证明，男孩坚韧的意志力不可能自发形成，而需要在生活的实践中锻炼出来，而妈妈则承担着指引和教育的作用。

◎ 鼓励男孩尽力做好每一件事

男孩心智发展还不成熟，做事情容易受到外界环境因素的影响，遇到困难更容易想到放弃。这是男孩正常的心理和行为表现，妈妈应该理解这种行为，但是在这种认识下，妈妈应该鼓励男孩尽力做好自己手头正在做的事情。

李亚是个四年级的男孩，他也像同龄的孩子一样做事情容易放弃。有一次，妈妈让李亚擦玻璃，他怎么也擦不干净。

李亚把抹布扔在一边，一屁股坐在地上叹起气来。妈妈看到孩子的表现，便告诉他："你刚学擦玻璃，擦不干净很正常。你现在只需要把你正在擦的这块擦好就是成功了，不要急于求成，等你熟练后，速度也就上去了呀。"

千里之行，始于足下。妈妈应该鼓励男孩做好自己能做好的一切事情，例如当男孩写作业遇到难题时，让他们尽力思考，能做到哪一步就到哪一步，但是不能因为题目太难而干脆放弃不做了。

◎ 利用名人激励男孩坚强起来

每一个成功者都必然具备坚韧的意志，因为没有哪个人的成功不是克服重重困难，依靠坚韧的意志力支撑而获得的。妈妈在对男孩进行教育时，可以多利用名人的榜样进行激励。

小学五年级的李元像其他男孩一样，做事常常三心二意，不懂坚持。后来，李元看了《乔布斯传》，对妈妈说："我要像乔布斯一样成为优秀的人。"

妈妈听了很高兴，当李元不肯坚持学习时，妈妈就会提醒他，乔布斯是如何排除异议，坚持做出完美的"苹果"的。没想到，妈妈说完之后，李元竟然立刻变得特别认真。

妈妈有空的时候，可以陪男孩去观看一些再现名人成功历程的电影，也可以给男孩购买一些名人传记，让男孩从名人成功的故事里体会到意志力的重要性，并利用名人的榜样时刻激励男孩。

◎ 创造机会让男孩锻炼

现在的男孩物质生活特别优越，他们从来没体会过生活的艰辛，没吃过什么苦，连上学和放学这样简单的事情也由妈妈陪同，这也是使男孩们缺乏意志力的原因之一。妈妈不仅不应该如此娇惯男孩，更应该创造机会让男孩在生活中锻炼他们坚韧的意志力。

在周末的时候，妈妈可以带男孩去参加一些体育活动，例如登山、长途远足等，利用这种“劳其筋骨”的方法锻炼男孩的意志力。平时在生活中，也要多让男孩参与家务劳动，最重要的是培养男孩遇到困难不退缩的意志品质。

◎ 利用目标激励男孩

没有目标，就像在黑夜中行走，这也是许多失败者失败的原因。为了让男孩看到希望的灯塔，妈妈可以给男孩设置一个目标，让男孩朝着目标努力，这种目标激励的作用会让男孩为了实现目标而自觉地克服困难，迎接挑战。

在学习上，妈妈可以每天给男孩设置一个目标，这个目标难易程度应该根据男孩的个人情况确定，不能过于简单，也不应该过于艰难；妈妈还可以指导男孩把大的目标分解成许多小的目标，以每天完成多少来积累最终的成功。

培育仁爱之心，激发男孩的无我精神

很多男孩生活在妈妈的溺爱中，他们以为自己就是太阳，所有人都要爱他，围着他转，却不懂得要对别人表达自己的爱。

妈妈要让男孩懂得，每个人都是平等的，要获得别人的爱，必须自己先付出爱。只有懂得仁爱的男孩才能得到别人给予的爱，才能拥有更多的机会，也便多了成功的可能。男孩的仁爱之心是男孩将来立足于社会的基础和前提。

男孩不懂得仁爱，既有自身性格因素，又受到家庭环境、妈妈教育的影响，男孩缺少爱心的原因有很多。

比如，长辈过分溺爱，男孩只学会了接受爱，不懂得施予别人爱；不少妈妈自己就缺乏爱心，男孩自然就不会有爱心了；有的妈妈教育方式不得当，时而对男孩过度宠爱，时而粗暴，导致男孩出现性格缺陷；不少男孩都是独生子，生活环境封闭，在孤独中长大，造成了情感上的冷漠，也就不会有仁爱之心。

王皓今年6岁了，在大人的疼爱下养成了唯我独尊的性格，这对于他的发展是很不利的，妈妈就抓住一切机会来教育他。

有一次妈妈带他去超市，看到超市门口有一个捐款箱，王皓好奇地问妈妈那些钱是用来做什么的，妈妈告诉他，那是用来帮助那些没有饭吃、没有书读的人的。

王皓听了，立即掏出身上的零花钱把它塞到箱子里，妈妈看到他把钱放进捐款箱时激动地抱着他说："儿子，你真是个有爱心的好孩子。"王皓很是高兴。

妈妈趁机告诉他："当需要的人收到你的钱时，他们会比妈妈更开心的，他们会十分感谢你的。"

男孩的爱心不是与生俱来的，需要妈妈的培养和引导，妈妈应该通过正确的引导让男孩学会感受整个世界，关心身边的人和事，给予需要帮助的人爱心。

对于身边的弱者，要让男孩同情他们，并尽自己的能力给他们帮助；学会与人为善，理解别人；信任并尊重自己的合作伙伴；这些都是仁爱的表现。

◎ 做有爱心的妈妈

榜样的力量对于男孩来说是最有效的。富有爱心的妈妈才能培养出富有爱心的男孩。妈妈的言行在男孩的成长中起着重要作用。男孩时时刻刻把妈妈作为自己的榜样，妈妈的表现会让男孩把妈妈作为自己行为的标尺。

李文山今年9岁了。奶奶去年得了一场大病，生活不能自理了，于是搬到李文山家里来住了。本想享清福的，可是妈妈对奶奶极不关心，不帮奶奶换洗衣服。

周末，李文山端着水盆帮奶奶洗手洗脸，妈妈看见了，一把把儿子拉了出来。李文山生气地对妈妈说："等你老了，我也要这样对你。"说得妈妈哑口无言。

要使男孩富有爱心，妈妈必须从自己做起，从家里的点滴小事开始做起。妈妈平时就要注意自己的言行举止，做到孝敬老人、关心男孩、关爱他人、乐于助人等，让男孩觉着妈妈是富有爱心的人，自己也要做个像妈妈一样有爱心的人。

◎ 保护好男孩的爱心

男孩最初都是有爱心的，只是有些男孩的爱心在后天成长中被妈妈的不恰当教育抹杀了。男孩的内心很稚嫩和单纯，妈妈好好地保护，爱心就会更加丰盈；妈妈随意打压，爱心就会枯瘦。

有的妈妈疏于对男孩的观察，很容易忽视他们表现出来的爱心，男孩的爱心受不到重视，便会被妈妈扼杀在萌芽之中。

妈妈要留意自己的行为，不要在无意间伤害到男孩的爱心，男孩流露出爱心的时候，妈妈要保护好他们的爱心。

◎ 用换位激发男孩的爱心

现在的男孩集宠爱于一身，处处以自我为中心，很少有仁爱的意识，再加上妈妈的教育方式不合理，男孩仁爱行为的缺失就很普遍了。妈妈可以尝试用换位体验的方式帮助男孩唤起爱心，在实践中培养男孩的爱心。

郭毅品今年 4 岁了，是个可爱的小男孩。但是有时候很任性，不会替别人考虑。这天郭毅品和小伙伴捉到一只小鸟玩，妈妈问他："如果我出差几天，你看不到妈妈会着急吗？"

郭毅品点了点头。

妈妈又继续说道："那你就该体谅一下小鸟了，它现在就看不见它的妈妈了，还可能丧命于你手中，它该有多么痛苦啊。"郭毅品的爱心一下就激发起来了，他高兴地把小鸟放了，还说以后再也不做这样的事了。

男孩的爱心要靠妈妈的悉心培养，妈妈要善于分析男孩的心理，从小事中着手，让男孩站在别人的角度来看待问题，关爱他人。

妈妈要教育男孩经常设身处地地为他人着想、感受他人情感。例如，当男孩在电视上看到偏远山区的男孩被饥饿折磨的时候，要让男孩结合自己的生活体验感受到并体谅他人的痛苦，从而为他人提供力所能及的帮助。

◎ 用表扬强化男孩的爱心

男孩内心对妈妈的评价很敏感，他们听到妈妈的称赞会对自身价值有正确的估计，进而产生成就感，这种成就感能够在男孩身上维持很长时间，并能成为一种良好的习惯，帮助男孩强化他们的爱心。

妈妈要抓住男孩的心理，适时地表扬男孩的爱心行为，让他们做仁爱的人。

对别人多点宽容，男孩的生命便多了点空间

宽容是一种美德，是一种风度和境界。宽容能使人心性和蔼，能使心灵有回旋的余地，能使人消除许多无谓的矛盾，化干戈为玉帛。

宽容的人，时时处处都会受到人们的拥戴，因为他能够处理好各种人际关系，能够很快地适应各种不同的环境，能够融洽地与人合作，充分发挥自己的潜能。

宽容的人胸襟宽广，善解人意。人非圣贤，孰能无过。妈妈要教育男孩学会宽容，和气待人，这样才能团结同学，营造一个愉快的生活和学习的氛围。

王国山是个很听话的孩子，但就是小心眼，爱告状。不大一点事就去找老师："老师，朋朋欺负我，他刚才把我撞倒了""老师，巧巧把水彩墨水洒到我的书上了，我的书都没法看了"，等等。

妈妈经常劝王国山："男孩子要大度一点，总是告状会被人笑话的。"但是王国山不听，还是经常为一点小事就去告状。

有一次，王国山借了一本童话书，被玩打水枪的同桌用水打湿了。王国山很生气，不但让同桌赔他的书，还把这件事告诉了班主任老师。结果，王国山的同桌被老师批评了一顿。

男孩的宽容心是一种非常珍贵的感情，它主要表现为对别人过错的原谅。宽容心对于男孩个性的发展以及良好人际关系的建立，都有着非常重要的意义。

富有宽容心的男孩往往心地善良、性情温和、惹人喜爱、受人拥护，而缺乏宽容心的男孩，往往性情怪诞、易走极端，不易为人亲近。

现在的男孩大多数都是独生子，男孩在学校里受了委屈，妈妈心疼得不得了。于是有的妈妈就教育男孩说："别人对不起你，你就对不起他。别人打你，你就打他。"

这使男孩不仅在学校里处理不好同学之间的关系，而且会影响到男孩将来人际关系的处理，甚至影响到日后的家庭幸福。

因此，妈妈教男孩学会宽容，不仅是为了男孩今天能处理好同学关系，而且也是为男孩将来的幸福打基础。

◎ 妈妈要心胸宽广

男孩最初是从妈妈那里学习待人接物的方式的。妈妈宽容、大度，遇事不斤斤计较，与邻里、同事之间融洽相处，男孩就会学着妈妈的样子处理同学之间的关系，也会变得宽容、好善，乐于与人相处。

张龙生班有一个"霸王生"，经常堵在班级门口不让大家出门，张龙生和班里的同学都很讨厌他。

一天下雨，妈妈去接张龙生回家，发现张龙生说的那个"霸王生"忘了带雨伞，也没有人来接他放学。

妈妈不顾张龙生的眼色，送这个同学回了家。后来，妈妈告诉张龙生："同学有缺点不要因此就讨厌他，应该多和他友好地交往，争取做他的好朋友，帮助他改正自己的缺点和不足。"

如果男孩不小心犯了诸如打破杯子这样的小错误，不要用惩罚或责备的方式来教育男孩。而是告诉男孩，其实妈妈有时也会犯这样的无心之错，只要下次小心就行了。

从原谅男孩的错误开始，用宽容的心去引导他认识自己的错误，让男孩知道，解决问题的办法除了批评、惩罚外，还有宽容。

◎ 让男孩明白"人无完人"

妈妈应该让男孩明白：金无足赤，人无完人，有缺点和不足乃是人性的必然。和同学相处，和朋友相交，完全没有必要求全责备，应该学会求同存异。

一次，妈妈带着孙兆龙参加学校组织的亲子活动。当老师安排两个家庭一组完成搭积木的活动时，孙兆龙拒绝与身边穿着旧衣服的男孩合作。

妈妈觉得孙兆龙这样下去不行，就跟他讲每个人都有缺点，每个人都有可爱之处的道理。孙兆龙听了，认真地点了点头。

对于朋友的缺点和不足，对于同学心情不好时所说的话和所做的事，没有必要斤斤计较、事事都摆个公平合理。多给人一分宽容和理解，同时也就为自己带来了一分好心境，也会使自己在个性完善的道路上又向前迈进了一步。

◎ 让男孩学会为别人着想

男孩只有学会站在别人的立场、角度去考虑问题，才会理解别人的想法与行为，才会对别人的痛苦感同身受，才会激起自己善良的举动。

李方勇在去学校的路上看见好几个同学跟在一个脚有残疾的同学后

面，一边学着他走路的样子，一边高兴地大叫“瘸子”。

后来，那几个同学感觉学着还不过瘾，要去揍那个残疾同学。李方勇连忙走上前，对另外几个同学说道：“谁要是欺负他，就是和我过不去，要想打架，就冲我来。”说着举起了自己的拳头。

那几个同学个子比李方勇矮，平常就很怕他，看到李方勇这样，都撒腿走了。以后，李方勇与那个残疾同学成了无话不谈的朋友。

男孩都爱起哄，都喜欢一起欺小凌弱。妈妈教育男孩学会站在别人的立场考虑问题，就会使男孩的不良行为得到有效控制，同时，还会使男孩爱心显现。

◎ 让男孩始终善待他人

男孩一旦学会善待他人，就学会了宽容别人，因为男孩已经有了一颗友善的心、宽容的心。那么，自然地，男孩也就会在日常生活行为中容忍他人，宽容他人了。

冯文妈妈从小就教育他要善待他人。平时和妈妈一起外出玩时，看到有小朋友跌跤，妈妈就会让他上前扶起；看到小朋友哭泣，妈妈就会让他给予安慰。

在妈妈的教育下，冯文始终善待他人，受到了大家的欢迎和认可。

妈妈应该让男孩明白，他人是自己的影子，善待他人，也就是善待自己。对他人多一分理解和宽容，其实就是支持和帮助自己。

男孩懂得分享，身边才能吸引更多人

懂得与人分享的男孩是幸福的，因为他们把快乐分享给别人，既快乐了别人，也愉悦了自己；把痛苦分享给别人，就减轻了自己的痛苦。而不懂得分享的男孩习惯于自己独占，认为自己才是最重要的。这就滋生了他们自私、霸道等不良的品性。

生活中很多男孩都不愿意与他人分享自己的东西：有些男孩不喜欢别人分享他的玩具；有的男孩吃饭的时候把自己愿意吃的菜放在自己面前……

王庆来小时候是个很体贴父母的孩子，妈妈给他买了好吃的，他总会先让妈妈尝一下，可是妈妈总是会说："我不吃，你自己吃吧。"时间一长，王庆来就觉得反正妈妈不吃，我就不用每次吃之前谦让妈妈了。

最近，老师反映说，王庆来很自私，他的玩具从来都不给别的小朋友玩，而且，他还很霸道，有时候看见别的小朋友有好玩的，他抢过来就玩，但就算他玩别人的了，自己的还是不让别人动。

妈妈这才意识到，自己当初的做法是多么愚蠢。正是自己的教育方式不恰当，才扼杀了儿子的分享之心。

其实，这和男孩年龄小、自我认识水平不高有很大关系。他们不能将自己的东西和别人的东西分开，并将别人的东西当成自己的。这是很自然的。

但是随着男孩年龄的增长，自我认识水平的提高，如果仍然占别人的东西为己有，妈妈就要对此加以重视了。

此外，这和男孩所接受的家庭教育也有很大关系。一般来讲，不会分享的男孩的妈妈通常对男孩百依百顺，要什么给什么，给男孩吃最好的，用最好的，久而久之，男孩就成了家里的霸主，男孩在家里的这些行为如果带到了家庭之外，就表现为不会分享。

分享是一种人生智慧，更是一种心得，懂得分享，既方便了别人，也快乐了自己。男孩的分享满足了他人的需求，男孩也能从分享中得到应有的回报。这就是让男孩保持快乐的秘诀。

妈妈要有意识地从日常生活着手，逐步培养男孩与他人分享的好习惯。

◎ 积极营建乐于分享的家庭环境

将来的社会不仅仅是竞争的社会，更是合作的社会。分享是男孩重要的交往技能，男孩只有学会分享，将来在学校里、社会上，才能更好地与周围的人相处和合作。它需要妈妈在潜移默化中传授给男孩。所以，妈妈要积极营建家庭成员乐于分享的家庭环境。

王培今年上一年级，可是爸爸妈妈却没有把他当成小孩子看待，而是把他作为家里很重要的一分子。他家每周六晚上都要开家庭会议，内容就是每个人讲述一下一周来的开心事和不高兴的事，也可以和其他人分享一下自己的心得体会，并且要求每个人都要开诚布公。

在宽松的环境下，每个人都滔滔不绝，既融洽了家庭气氛，又与人分享了自己的经历和体会，获得他人的理解，每次开完会，王培都觉得身心很轻松。

妈妈要为家里制定一个可以相互沟通和分享的规则，不管是妈妈还是男孩，在有重大问题时一定要及时与家里其他成员沟通，听取各自的想法；也可以像王培的妈妈一样，规定一个固定的时间用于家庭内部的沟通，在这段时间内，每个人都分享各自的快乐与痛苦。

妈妈还可以有意识地让男孩有了好吃的和家人分享，在乐于分享的家庭环境中成长，男孩在学校里或是社会上才能懂得分享。

◎ 不要让男孩吃独食

男孩不喜欢与他人分享，与妈妈对男孩的溺爱有直接联系。每位妈妈都疼爱男孩，想为他们提供最好的物质条件。为他们买好的玩具、零食，而从不要求男孩对自己有所表示，甚至连礼貌的谦让都没有。

长此下去，就强化了男孩的独享意识，他们理所当然地把好吃的、好玩的据为己有。

所以，妈妈不能过于溺爱男孩，不要让男孩吃独食，让男孩享有好吃的、好玩的同时也要鼓励他们与别人分享，让男孩把自己的快乐传达给别的男孩，既增进了他们之间的友谊，也培养了男孩的分享意识。

◎ 从细微处培养男孩的分享意识

妈妈都不希望自己的男孩养成自私的坏习惯，都希望男孩懂得与人分享，但是分享的意识不是与生俱来的，需要妈妈在平时的生活中给男孩传输这种理念，从细微处入手，培养男孩的分享意识。

妈妈要从日常生活中的小事着手，在细微处让男孩树立分享的意识，并让他体验和别人分享的快乐。

妈妈要经常鼓励男孩把自己喜欢的书、自己爱玩的玩具带到学校，和其他同学共同分享，同时，别的男孩也会模仿自己男孩的行为，把他们喜爱的东西带到学校给自己的男孩玩。男孩在给别人快乐的时候，也享受到了他人给的快乐。

◎ 让男孩知道分享不等于失去

分享是种乐趣，在分享中，不仅不会降低男孩的快乐成分，反而会让自己的快乐更有价值。只有体会到分享是种乐趣，男孩才能在生活、学习中乐于与人分享，和他人建立良好的人际关系。这对男孩来说，是种双向的情感互动。

妈妈要适当地给男孩以引导，让男孩觉得分享对他来说不是一种剥夺，而会平添更多的乐趣和机会。体验到分享的乐趣，男孩就会更好地分享，获得更多的快乐。

◎ 支持男孩的分享行为

有时候，妈妈的一句话或是一个动作都会让男孩意识到自己做的事情是多么有意义。他们会享受这种被表扬的愉悦。

所以，妈妈要抓住男孩表现的机会，给男孩正面的支持，使男孩喜欢上分享。当男孩将自己的零食给身边的小朋友吃的时候，当男孩将自己最爱看的小人书给小朋友看时，妈妈就不要吝啬自己对男孩的称赞，一句“男孩，你真棒”，就会帮助男孩激发起分享的乐趣。

谦虚做人，
懂得适当低调的男孩更有魅力

谦虚做人是一种平和的人生态度，是对成功的淡泊、对失败的包容。无论自己是成功还是失败，都要以一种平和的心态面对。胜了不骄傲，不去到处炫耀；败了不气馁，不垂头丧气、自暴自弃，始终保持自己以往的本色。

谦虚是一种做人的美德。一个谦虚的人永远不认为自己是完美的，他总能看到自己在学习和工作中的不足，并努力加以改正。而一个骄傲的人永远只看到自己的长处，不能发现自己的不足，从而容易脚底踩空，跌个大跟头。

谦虚使人进步。这句话一点也没有错，只有谦虚的男孩才能看到自己的不足，并且虚心向他人请教，不断地完善自己。而骄傲的男孩的心永远是满的，不再能盛下其他的知识。

谦虚的人，会有很多人愿意结交，会有很多老师喜欢赐教，会有不少人提供帮助，因此会收获丰厚。

男孩还处于学习的阶段，一定不能让他们滋生骄傲的心态，产生骄傲的行为，否则，骄傲将是他们日后学习和生活的大敌。

培养男孩谦虚的态度是男孩能否取得长足发展的关键，只有一个倒空的脑子和心里才能盛下更多的知识。因此，妈妈应该从小事做起，努力培养男孩谦虚的品质。

赵振此次考试得了双百分，他见了谁都炫耀自己的成绩。一开始亲戚朋友还夸奖赵振几句，小朋友对赵振也十分羡慕。后来听赵振说多了，个个都皱起了眉头，说赵振不知道谦虚做人。赵振因此很伤心。

妈妈告诉赵振："做人要谦虚，不能取得一点小成绩就到处炫耀。"同时还告诉他"天外有天，人外有人"的道理。

赵振听妈妈说完，以后再也不拿自己的成绩到处吹嘘炫耀了。

孔子曾说："三人行，则必有我师。"每个人都有自己的长处和短处，人与人之间应该互相学习，切忌因一时的成就而骄傲自满。

妈妈应该培养男孩谦虚的态度和品德，让他们时刻能发现自己的不足和他人的长处，努力向他人学习，这样才能使男孩不断进步，迅速成长起来。

生活中谦虚做人，朋友会增多；学习上会谦虚，能取得不断的进步；工作中能谦虚，才会学到更多的东西。谦虚的行为走到哪里都需要，任何时候都不能缺少。

因为什么都不懂之时，只有谦虚好学，才能有人愿意赐教；什么都懂了，也只能说明过去，以后不谦虚努力，也会落后于人。

生活中很多人在失意的时候，为人低调，知道谦虚，所以朋友很多，学到的东西也不少。而到了功成名就的时候，就变得骄傲自满，不再谦虚，于是朋友少了，各方面开始停滞不前，从此开始走下坡路。

由此可知，谦虚做人十分重要，因此，妈妈要教男孩从小开始学着谦虚做人。

◎ 给男孩做个谦虚的表率

男孩喜欢模仿，不管是行为习惯，还是人生观、价值观，都可能受到妈妈的影响，因此，妈妈要给男孩做个谦虚的表率。

李艾学的妈妈是个数学老师，每学期都被评为优秀老师，受到很多老师、家长的好评，但她都谦虚地说"没有什么，自己还需要努力"等话语。

李艾学看在眼里，听在心里。有一次，一位老师夸奖李艾学说："你真是一个有出息的孩子。""谢谢您的夸奖，这没有什么，我还要继续努力。"李艾学谦虚地脱口而出。

妈妈要想让男孩学会谦虚做人，首先就要给男孩做一个谦虚的表率。男孩看得多了，听得多了，自然就学会了妈妈谦虚做人的态度与行为。

◎ 让男孩知道谦虚的重要性

谦虚可以让人看到自己的不足之处，因此可以使人不断地努力进步，所以成功的系数更大；谦虚还可以使人更看重别人的优点，因此能够减少与别人的冲突，更受人欢迎，所以人际关系和谐，等等。

妈妈要告诉男孩谦虚的这些好处，同时，还要让男孩知道骄傲自大的坏处。这样男孩通过对比，知道了谦虚对自己的重要作用，就会学着谦虚做人了。

◎ 让男孩体验谦虚的好处

谦虚虽然有很多好处，但妈妈只有让男孩体验到这些好处之后，才能使男孩把谦虚做人的态度长久地坚持下去。

艾文有唱歌的天赋，什么歌曲一学就会，还经常唱给同学听。最近在学校歌咏比赛中，他得了一等奖。此后，艾文就开始骄傲了，朋友再邀请他唱歌，他就故意托词不唱，这样朋友渐渐疏远了他，为此他很伤心。

妈妈知道这个情况后，让艾文主动找朋友和好，并叫他还像以前一样，经常唱歌给同学们听。艾文照做了，结果所有的同学又都愿意和他玩了。艾文暗自发誓，以后不管取得什么成绩，都要把谦虚的行为保持下去。

谦虚会使男孩进步，让男孩有一个好的人缘，妈妈要让男孩体验其中的好处。男孩有了深刻的体会之后，才会把谦虚做人的行为贯彻下去。

◎ 指导男孩学会谦虚做人

妈妈让男孩知道了谦虚的重要作用，还要指导男孩如何去做。

张奥运在全校运动会上拿到了全能第一名，十分高兴，给妈妈嚷嚷着说，以后自己要进国家队，参加奥运会比赛。妈妈听儿子说话的口气，好像是已经参加过奥运会并得了奖了，知道儿子有些骄傲了。

于是，妈妈告诉张奥运把这个想法放在心里，同时还要默默地努力，否则，希望就会成为泡影。张奥运记住了妈妈的话，以后有人再夸赞他时，张奥运只是低调地笑笑。

每个人取得良好的成绩之后，都会喜出望外，因此往往在不觉中，就显现出骄傲的样子，男孩更是如此。因此，妈妈要关注男孩的心理变化，及时指导男孩谦虚做人。

不管生活是否顺利，都让男孩心怀感恩

西方有个节日叫感恩节，中国虽然没有特意设立这个节日，但是从古至今，人们的教育观念里处处充满着感恩教育。

感恩的范围比较宽泛，更充满人情味。感恩是一种生活态度，我们来到这个世界，无数的人和事物让我们逐渐成长，使我们的大脑不断充盈，让我们的心灵逐渐丰富。

感恩的心就是无论面对什么样的生活状态，面对什么样的困难挫折，即使是生命的不幸，一个人都应该报着感恩的态度，不能怨天尤人地整天抱怨生活的烦恼、命运的不公。

人生际遇不定，但是有些东西却是不变的，只要你能用一颗感恩的心去看世界，你的生活就会充满阳光和快乐。

男孩能来到这个世界就是最大的幸运，他们应该感恩妈妈，是妈妈让他们有机会来到这个世间经历一遭，无论这个经历对他们来说意味着什么。

能用感恩的心来看待，一切总是值得来的。生活中的每一天都是新的，无论今天遇到什么事，第二天太阳依旧会从东方升起，阳光总是温暖的。

感恩周围的亲人朋友，有了他们，生活不再孤单。感恩一滴水、一顿饭、一个路人的微笑，这一切都看似平常，但只要用感恩的心看待，就会发现自己原来生活在这样一个美好的世界里。

生活中可能也会出现一些不如意，给男孩一些磨难和挫折，但是如果男孩把它看做对自己的历练、让自己尽快成熟的代价，那么不幸的经历未必不是一种收获。生命之所以能够圆满的人，就是很珍惜生活中的一切，无论苦难还是好运。

让男孩拥有一颗感恩的心，就是教给男孩用一种乐观的心态、感激的情怀看待世间万物、人生纷纭。用一颗平淡的心感受生活的起起落落，能够笑看花开花落，坐观云卷云舒。

汪峰然和同学走在校园的路上，打扫卫生的老大爷拖着一辆装满垃圾的车走过来，同学都躲到一边，嘴里说着："真臭，脏死了。"

正巧经过他们身边时，一个装着垃圾的袋子掉了下来，显然，老大爷要把袋子捡起来，需要下车，很麻烦。

汪峰然走过去，帮他捡起来放到车上。老大爷连说："谢谢！"同学们都诧异地看着汪峰然问："你认识他吗？这么脏还帮他捡。"

汪峰然说："不认识，可是这些垃圾都是我们制造的啊，如果没有他每天帮我们捡，我们岂不是要生活在垃圾堆里了。"

每个人生活在这个世界上，都不是孤立的，无论是和人还是和其他事物都有千丝万缕的联系。让男孩学会感恩，学会用感恩的心去对待让我们生活变得更美好的人和事，男孩的眼里就会永远开满鲜花。

◎ 妈妈要学会感恩

妈妈要培养男孩感恩，首先自己就要有一颗感恩的心。如果妈妈对待周围的人和事物都很冷漠，总是抱怨这个、埋怨那个，什么看着都不顺眼，心烦气躁的，这种心态会直接影响男孩。男孩也会像妈妈那样，用忧愤的眼光看待这个世界，看待周围的人和事物。

所以，妈妈要让男孩生活在感恩的家庭氛围里，妈妈要主动关心家庭里的每一个成员，让男孩感觉到每一个人都是值得关爱的。

妈妈对待男孩也要感恩，男孩给妈妈也带来很多快乐，简单纯洁的男孩让妈妈感恩上天的馈赠。如果男孩能从妈妈那里感觉到这份感恩，那么男孩就能用感恩的心对待妈妈。

◎ 让男孩学会辩证地看待问题

妈妈要教会男孩用辩证的眼光看待生活中的不幸和困难，不要让男孩面对困难失败的时候，手足无措地只知道担心害怕。

很多事情只要转变一下眼光，从另一个方面去看，就会发现很多东西都是理所当然的，不要抱怨、不用害怕，一些生活的磨难到后来都会成为男孩宝贵的人生财富。

李蔚然跟随妈妈到另一地方去生活，他不得不转学到一个新的地方。在一个新的班级里，他没有朋友，对新的学校和老师都很不适应。学习成绩也由原来的第三名下降到第十名，他很失望，心里很不平衡，埋怨老师，抱怨学校。

妈妈了解到他的情况，让他去适应这个学校和老师，学会交朋友，去尽量适应环境。不要总是抱怨，这样解决不了任何问题。

李蔚然听了妈妈的建议，努力使自己跟上老师的节拍，用真诚去交朋友。很快，他就适应了这个新学校，找到很多新朋友，学习成绩也上去了。

很多时候，男孩面临的他们认为是问题的事情，如果换个角度考虑，实际上这些问题可以培养男孩解决问题的一种能力，提高他们的自身素质。

因此对待困难磨难的时候，妈妈也要让男孩学会感恩，只要认真对待，就能圆满解决，自己或许能够收获更多。

◎ 让男孩感觉到生活在幸福中

只有让男孩感觉到自己生活在幸福中，他才能感恩自己所拥有的幸福生活，感恩自己所拥有的一切。妈妈可以让男孩体验一下贫穷地区男孩的生活，他们就会为自己拥有的感觉满足，知道感恩社会、感恩妈妈。

高振和妈妈去游乐园，在去的路上，他们看到路旁有一个断了腿的乞丐，很年轻，可是浑身脏兮兮的，看着非常可怜。妈妈就掏出一张五元的人民币递给高振，让高振给他送过去。

高振把钱放在他的盒子里，转过头跟妈妈走了，一路上都很沉默。妈妈问他："你是不是觉得他很可怜啊？"高振说："是啊，没有腿，也没人照顾，多可怜啊。"

妈妈说："是啊，当你在埋怨没有鞋子的时候，你要想到有些人还没有脚，你就会感到很幸福。感恩上天对你的厚爱吧！"

生活中很多事情都能让男孩感觉自己得到的其实很多，有很多人比自己可怜多了。妈妈要抓住这样的机会教育男孩，让男孩认识到自己的拥有，男孩就会用一颗感恩的心审视自己，并且给予别人帮助。

◎ 利用特殊的日子对男孩进行感恩教育

妈妈可以利用特殊的日子对男孩进行感恩教育，例如感恩节、父亲节、母亲节、教师节，等等。在这样的日子里，妈妈要提醒男孩，为自己的爸爸、妈妈、亲人、老师、朋友等值得感恩的人送上自己的礼物。

礼物不要以金钱来衡量，只要是男孩亲手制作的，能代表男孩的心意的礼物，收到的人都会感激。

同时妈妈也可以在这样的节日里，让男孩朗诵一首自己写的或者摘抄的表示感恩的诗词，朗诵给大家听，同时给男孩以热烈的掌声，让男孩感到骄傲和满足。这都会强化男孩的感恩意识。

第六章
学习能力是男孩
获得成功人生最大的资本

激发学习兴趣，让厌学的男孩乐在学中

男孩注意力不集中很正常，找到方法改正就行

会不会预习，直接影响第二天的听课质量

跟上老师的节奏，听课的效果会更好

有技巧地复习，让知识在男孩头脑中生根

做题粗心是男孩的通病，三步变细心

写作业是男孩的事，那么就该让他独立完成

半天记不住，提高男孩记忆力有诀窍

学得好很重要，让考分和努力成正比更重要

设立学习目标，让男孩学习更有动力

激发学习兴趣，让厌学的男孩乐在学中

兴趣是最好的老师。运用一定的方式和方法激发男孩的学习兴趣，让男孩享受学习，体会到学习的乐趣，往往能使学习达到事半功倍的效果。

兴趣是男孩学习时最好的指导老师。有了兴趣，男孩不再认为学习是一件苦差事，不再把学习当成任务，从而能更好地享受学习的过程，体会学习的乐趣。

男孩刚来到这个世界，对什么都感到好奇，充满了求知欲。可能有的妈妈就疑惑了："我家的男孩怎么就是不爱学习呢？"

其实，男孩不配合妈妈的安排，并不说明他们不爱学习，而是妈妈的教育方式和引导方法出了问题。

当男孩表现对某件事的好奇心时，妈妈并没有很好地加以引导，以激发他们的学习兴趣。每次要求男孩学习时都是命令或者以发布任务式的口吻，这当然令男孩心生反感。

于文今年刚四岁，经常问一些稀奇古怪的问题。

有一次，于文一家人去公园里游玩。于文趴在水池边，看着那些活泼可爱的小鲤鱼在水里快活地游来游去，突然回过头向妈妈发问："妈妈，为什么有的鲤鱼肚子鼓鼓的，有的鲤鱼肚子扁扁的呢？"

妈妈听了之后，大笑道："因为有的鲤鱼是公的，所以肚子是扁的；有的鲤鱼是母的，肚子就是鼓的！"于文继续问："为什么？"

爸爸一听就不高兴了，刚想训斥儿子，被妈妈及时制止了。妈妈微笑着说："这里面涉及的知识可广了，于文要是想知道，就要从今以后好好学习啊！"于文高兴地点了点头。

男孩的学习兴趣需要妈妈借助机会、运用一定的方法对其进行激发。妈妈不应该把成人的方法和思维硬用在男孩身上，让男孩被动地、机械地学习。

当男孩表现出对某件事物的好奇心时，就是激发男孩求知欲的最佳时期。妈妈不应该对男孩那些看似奇怪的发问不理睬、忽略或者责备，而应该找出男孩的问题与相关知识的联系，根据需要把男孩的提问引入相关知识领域，激发他们的学习兴趣，从而促使男孩对这些知识进行学习。

妈妈应该知道，如果男孩只是被动地学习，妈妈、老师教什么，他学什么，这样的学习是无益于男孩的成长的。男孩失去了求知欲，没有追求知识的渴望，难以养成自学的良好习惯。

男孩的学习兴趣完全是可以通过妈妈的努力被激发出来的。男孩不喜欢某门课程，当他们在这门课程上取得成就时，妈妈更应该多夸奖他们，表扬他们。在妈妈语言的暗示下，他们对这门课程的学习兴趣也会慢慢被激发出来的。妈妈还可以利用游戏来引导男孩产生对某个知识领域的兴趣。

激发男孩的学习兴趣对于男孩快乐学习、高效学习具有非常重要的意义。妈妈应该在早期教育中重视运用各种方法激发男孩的学习兴趣。

激发男孩的学习兴趣，需要妈妈巧妙地借助时机，运用适当的方法。

◎ 尊重男孩的兴趣爱好

尊重男孩的爱好，能有效地激发他们的学习兴趣。

对男孩的爱好，妈妈不要横加制止，在不影响正常学习和生活时还应该加以支持。强迫男孩去学习他们并不感兴趣的课程，既浪费妈妈的金钱，浪费男孩的时间，也难以让男孩取得好的成绩。妈妈要尊重男孩的爱好和选择，更好地激发他们的求知欲。

◎ 用鼓励激励男孩学习

妈妈的鼓励对激发男孩的学习兴趣具有举足轻重的地位。

张亮是个四年级的小男孩，他数学成绩很好，作文却写得很差。妈妈在与张亮沟通后，为他报了一个课外作文兴趣班，对作文根本不感兴趣的张亮总是想找机会反悔。

一次，他写的作文被老师当作范文贴在班级里做板报，妈妈知道后对他说："你看看你才上了两个月，作文就能写得这么好，说明你还是很有写作天赋的，那里的教学方法也很适合你。"

张亮听了妈妈说的话，也觉得有道理。在妈妈不断地鼓励下，张亮的作文写得一次比一次好，写作文的兴趣也逐渐提高了。

如果男孩对某门课程不感兴趣，当他们取得一些很小的进步时，妈妈就应该借机多鼓励他们，给他们信心，激发他们的求知欲，从而提高他们的学习兴趣。对于男孩来说，妈妈的鼓励是非常有用的。

◎ 用目标激励法激发学习兴趣

给男孩设置一定的目标，激发男孩的上进心，培养他们的学习兴趣。

如果男孩在某门课程上有特长或者出色表现，但是他们却不愿意学习的话，妈妈可以采取这种设置目标的办法来激励男孩，从而激发他们的学习兴趣。如果男孩对课程没有特长，妈妈也可以采取目标激励的方法，但是选取的目标一定要适合男孩的特点，不宜把目标定得太高。

◎ 利用游戏让男孩爱上学习

男孩天生是爱玩的，只要妈妈加以正确的引导，爱玩并不一定是坏事。

王斌是个四年级的小男孩，他从小就特别痴迷玩木偶游戏。每天放学回到家，他也不着急写作业，而是跑到房间里和他的小木偶先玩会游戏。

妈妈想引导王斌爱上学习，每次看到他玩木偶时，妈妈就会兴奋地参与进来，然后为每个木偶分配一个寓言故事里的角色，给儿子讲各种神话故事。

王斌居然听得津津有味。他好奇地问妈妈，“这些故事是从哪里来的？”妈妈告诉他：“课本上就有。”在妈妈的指引下，王斌居然对文学和戏剧产生了浓厚的兴趣。

男孩爱玩游戏，这并不是一件坏事，但男孩痴迷一种游戏，必然会将大量时间浪费在上面，这样将影响男孩的学习和生活。此时，妈妈应该从游戏出发，巧妙地引导男孩向知识领域发展，激发他们浓厚的学习兴趣。

男孩注意力不集中很正常，找到方法改正就行

注意力不集中，是指难以长时间地把注意力集中于一件事情上，易冲动、易分心、没耐心、追求瞬间满足，缺乏观察的能力和聆听的技巧，无法做一成不变的事，如学习、听讲等。

专注，几乎是所有天才、有识学者的共同特征，同时，也是一个人的注意力高度集中于某一事物的能力。注意力的集中与否直接关系到一个人某项工作的成败，攸关其事业能否取得成功。

古今中外凡有成就的人，大多对自己所从事的事业专心致志，甚至到了痴迷的程度。

比尔·盖茨童年曾痴迷计算机，数学家陈景润童年痴迷看书、做题，昆虫学家法布尔在童年就观察昆虫习性，从早到晚伏在大石头旁看蚂蚁搬家。正是这种长久的专注，才使他们有了日后的成功。

充分认识到注意力对成功的重要作用，才能提高培养自身专注力的积极性、主动性、自觉性，才能真正使男孩集中注意力，克服学习上的坏

毛病。

在注意力集中的情况下，可以调动整个大脑神经系统来解决问题，从而能够高效率地完成学习和工作。相反，分心就会降低学习效率，甚至对本来可以弄懂的问题感到迷茫。

事实上，每个男孩的头脑里都有着专注的成分，然而，在引导上的差异却导致了后天在这方面的差距。

李洋今年11岁，是个既聪明又活泼的四年级男孩。但就是注意力不能集中，喜欢磨蹭。他上课时常常发呆，经常走神，要不就是手里不停地摆弄铅笔盒、橡皮泥、书包带等物品。

做作业的时候，也老是找出些其他的事情来，一会儿要上厕所，一会儿又要喝水。本来只是一个小时的作业量，他总要用两到三个小时才能完成。不管作业多少，都要磨到睡觉时间，正确率也不高。而且李洋平时最不喜欢写作文，一个小时写不出两句话来，一篇作文他能写一天。

但若是书房外发出了什么声音，比如客厅里的电话响了，他总是第一个接电话的。有时妈妈接完电话后，他还要问是谁打来的、发生什么事情了。因为注意力不集中，李洋的成绩一直都不太理想，自己往往也不知道究竟该做些什么。

尤为重要的是，注意力还是智力结构中的一个重要组成部分，即一个人专心于某事物的能力。有些男孩活泼好动，坐不住，而且注意力易分散，对学习缺乏兴趣，不善于支配自己的行动；也有些男孩做事三心二意，常常半途而废。

如果不采取措施纠正，久而久之，就会养成一种坏习惯，对任何事物都难以进行深入的思考，头脑简单，行为幼稚。这对于男孩的学习、成才都会带来非常不利的影响。

所以，只有在做事情的时候专心致志，男孩才能取成进步和成功。要想提高男孩的学习成绩，培养和开发他们的智力，第一步就是要做到培养和训练他们的注意力，养成精神与注意力集中的良好习惯。

◎ 给男孩营建安静的学习环境

保证家庭环境的和谐，男孩应当处于一个安静的氛围中，避免家中有太多的人出入。当男孩在做一件事时，大人不宜打搅。同时切忌买太多玩具及图书给男孩，以免使他们左顾右盼，不知所措。

男孩的书桌上除了文具和书籍外，不适合再摆放其他物品，以免分散他们的注意力。妈妈也不能允许男孩一边看电视、听音乐，一边做作业。

当然，在男孩学习的时候，大人更不能在一旁大声说话、看电视，或者随意指派他们去做别的事。

◎ 要求男孩在规定的时间内完成任务

现在男孩的学习任务相对繁重，如果作业太多，可以分段完成。另外，据可靠研究显示，男孩分心的程度与年龄成反比。

2 岁的儿童，平均注意力集中的时间长度是 7 分钟，4 岁为 12 分钟，5 岁为 14 分钟。随着男孩年龄的增大，他们会逐渐懂得把注意力放在重要的事情上，而日渐增加专注的时间。

因此，判断男孩是否专心，应依据其年龄的专心时间长度，而非依据妈妈的主观感觉。当男孩在完成作业或者某一件事情的过程中，应避免打扰，给男孩一片适于注意力集中的园地。

◎ 鼓励男孩做他感兴趣的事情

男孩如果对某一件事情有浓厚的兴趣，并且身体力行，可以大力鼓励男孩去做，并且在做完了一件之后，再开始做另外一件。对于家庭作业，妈妈应该帮助他们安排一下，做完一门功课，可以允许休息一会儿，不要让男孩太过疲劳。

男孩学习时间不宜过长。不论是画画、看书，都不宜规定男孩长时间地做某一件事。否则，即使男孩被迫去学习，但是早已经心不在焉了，这样就毫无学习效率可言。

有些妈妈觉得男孩动作慢，不允许男孩休息，还唠叨个没完。这就容易让男孩产生抵触心理，效果反而是负面的。

◎ 培养男孩做事有始有终

让男孩做些力所能及的事，在做事之前，妈妈应让男孩懂得做事的目的，并引起做事的兴趣；在做事的过程中，男孩遇到困难，妈妈要鼓励男孩克服眼前的困难，使男孩具有一定的责任感。

这样他们在做事的时候注意力就会集中起来，从而能够努力去克服一些难度适中的困难。久而久之，他们就能养成善始善终做完每一件事的良好习惯。

完成一件事的时候，妈妈要及时对他们进行鼓励评价，使男孩产生一种满足感、快乐感，从而激励他们学习时更加专注、认真。

◎ 培养男孩专心致志的品质

男孩喜欢做某件事情，注意力就自然会集中，思维也会处于异常活跃的状态。因此，可以选择性地给男孩分配一些感兴趣的学习内容，并想办法使他对此保持长久的兴趣。这样长此以往，让男孩养成专心致志的习惯。

每个男孩都有较强的好胜心，希望得到成人的表扬。妈妈可利用这种心理，适当予以褒奖。奖励应以精神鼓励为主，也可稍做些物质上的奖励，但物质奖励不能太频繁，尤其不可以在每次学习之后都进行物质奖励。

会不会预习，直接影响第二天的听课质量

俗话说："不打无准备之仗。"学习也是一样。只有做到了提前预习，才会有的放矢。

预习是成绩好的一个主要环节，男孩因为小，不知道预习，也不会预习。妈妈需要指导男孩预习功课，让男孩掌握提高成绩的诀窍。

预习是提高学习成绩一个关键环节。

在老师没有讲新课之前预习，能够掌握内容的重点、难点，并且找到自己的疑点，增强听课的针对性、目的性，有助于男孩集中注意力，从而能够提高听课的效率。

提前预习，还能发现以前哪些知识掌握得不足，在老师没有讲新课之前及时弄懂，以减少听课时的障碍。预习还能够培养男孩的自学能力，为以后走向社会，为终生学习打下良好的基础。

高新几乎不出去玩，一有时间就学习。很多人都说他学习用功，但是，高新的成绩却一直不太好，妈妈看着心急，就留心观察他的学习方式，发现高新从来都不预习。

妈妈提醒高新要预习新课，并且告诉他预习会收到哪些效果，但高新没有听。他认为平时写作业时间就很紧，连复习的时间都没有，哪里有预

习的时间，同时认为预习还会抵消上课的新鲜感，所以，一直没有采纳妈妈的建议。

结果，高新还像以前那样，学习用功，成绩依然不好。妈妈虽然感觉高新不听话，但看见他天天忙着学习，没有一点玩的时间，也不忍心再说什么，但高新的成绩却成了她的一块心病。

每位妈妈都应该重视预习这一环节，指导男孩预习，让男孩学会预习。

上课前做好预习工作，在不懂的地方做上记号，或者事先把不懂的问题写在纸上，在老师讲解的时候学会做笔记，勤动脑筋，学会问“为什么”。

经过思考和查找资料都不能解决的问题，自以为找到了答案，但把握不大的问题以及那些对得出结果的过程不太明白的问题，都可以在课堂上向老师提出来。

在家庭教育中，特别是在辅导男孩预习功课的过程中，妈妈应在男孩力所能及的范围内，让男孩多涉猎知识，扩大知识面，并且要学会思考。

男孩学习时，预习很重要，妈妈不但要求男孩去预习，同时还需要对男孩的预习方式进行正确引导，否则，预习的形式存在，却没有实质的预习效果。

为了保证男孩达到预习效果，妈妈应该时刻关注男孩的预习方法，不对之处要立刻纠正。

◎ 让男孩意识到预习的重要性

预习可以帮助男孩做好课堂上的知识准备，能够提高听课质量，也能够培养男孩的自学能力。因此，妈妈首先要让男孩认识到预习的重要性。

古人说：“凡事预则立，不预则废。”这里的“预”就是做好准备。无论做什么事，没有一定的准备总是不行的，学习也是一样。所以说，课前是否进行过预习，对于听课的理解效果是完全不一样的。

妈妈要想让自己的男孩成为学习的主人，变被动为主动，就要指导男孩认识到预习功课的必要性，并采取相应的科学方法。

◎ 利用计划，保证有充足的预习时间

预习需要有计划，有了计划才有了时间的保证，才不会因预习这科而落下了那科，才会有效率地提高，有利于男孩预习习惯的形成。

李亚飞对预习也很重视，妈妈看李亚飞平时预习时总是没有一个固定、充足的时间，时间富余时，李亚飞就深入地看一下；时间少时，就大略浏览一遍；没有时间时，干脆就免去了预习。

妈妈感觉这样的预习没有多大的效果，于是帮李亚飞定了一个预习计划。李亚飞经过一段时间的认真执行，听课有了针对性，感觉学习轻松了很多，做作业的时间也减少了，考试的分数也提高了。

给男孩定个预习的计划，留出预习各科目的充足时间，可以避免男孩预习的盲目性，提高男孩预习的效率，从而增加男孩对预习的兴趣。

◎ 帮男孩定出预习要达到的目标

预习如果没有目标，就容易流于形式，也就不会有预习的效果。看不到效果，就没有坚持预习的动力，这样的预习方式最终将会停止。

妈妈帮男孩定出明确的预习目标之后，还要陪伴男孩一起预习，检查目标是否达到。这样坚持下去，预习就会收到很好的效果，男孩也会养成预习的好习惯。

◎ 让男孩掌握科学的预习步骤

妈妈要帮助男孩制定有针对性的预习方法，不能盲目滥用预习方法，而应该科学地进行预习，以达到预期目标。

掌握科学的学习步骤才能让学习事半功倍，有没有事先预习，对于听课的效果是完全不一样的。而有方法的预习又比无目的的翻书的效果要好上许多。

预习可以使学习处于主动地位，能够增强听课的积极性和目的性，使听课注意力更加集中，有助于提高听课效率。

另外，预习中还能够发现自己不懂的地方，使得听课更有针对性，更有利于理解课文内容。妈妈一定要帮助男孩养成预习的好习惯。

◎ 鼓励男孩持之以恒地预习

预习是男孩学习中的良好习惯，如果能够持之以恒，肯定能对男孩的学习起到很明显的作用。因此，妈妈要时常告诫并监督男孩坚持预习。

坚持预习是保证学习好的必要条件，但不是充分条件，学习成绩的提高不能单靠预习来实现，还要处理好其他的学习环节。但是保持预习的习惯，对于培养自主学习的能力及其他学习好习惯是有促进作用的，预习与学习的其他方面也是一脉贯通的。

妈妈对男孩具有监督和指导的意义，男孩自制能力差，意志薄弱。负责任的妈妈会帮助男孩搞好预习，让男孩做学习的先锋者。

跟上老师的节奏，听课的效果会更好

男孩大部分的学习时间都是在课堂上进行的，知识的获得也大都是在课堂上获得的。男孩学习成绩的高低，和课堂的学习效率有很大的关系。

很多男孩都反映，课堂上没有掌握的知识，课下花费几个45分钟也难以搞懂。这是因为老师讲课的内容都是经过精心准备的，都是浓缩的知识点，所以课堂的45分钟是很宝贵的。

课堂效率会直接影响到男孩对知识的掌握，也是影响学习成绩的重要因素。男孩天生好动的性格，决定了他们不太重视课堂45分钟的学习。妈妈要帮助男孩意识到课堂45分钟的重要作用，让男孩学会向45分钟要效率。

王品是个爱学习的孩子，但是学习成绩并不太理想。他也纳闷自己为什么付出比别人多的劳动，学习效果却甚微。其实这与他不好的学习习惯有关。

王品喜欢记课堂笔记，这是个好习惯，但是他没有掌握技巧。在课堂上他细心地记课堂笔记，争取把老师讲授的知识点全都记下来，可是课堂45分钟毕竟是有限的，有时候为了单纯地记笔记而耽误了听老师讲下个知识点，这样就遗漏了很多知识。

课堂学习效率不高，导致王品即使付出更多的努力，也难以取得优异的成绩。妈妈看到这一点，感到很着急。

妈妈要教育男孩不仅要在课堂上集中精力，更要掌握科学的听课技巧。要让男孩理清听课思路，敢于提问，善于表达，紧跟老师的思路走，从而提高男孩的课堂学习效率，以期达到提高男孩学习成绩的目的。

男孩的自我监督和自我管理能力较差，妈妈要帮助男孩树立向课堂要效率的意识，为课堂45分钟做好准备，积极地参与到课堂的45分钟中去，课下巩固45分钟所得到的知识积累，要增强男孩学习的积极性，这样男孩的学习成绩也会有所提高。

课堂学习对提高男孩的学习成绩很重要，此外还有助于开发男孩的智力，培养他各方面的能力。

◎ 让男孩为课堂做好各种准备

充分的物质、生理、心理准备，是提高男孩学习效率的基础和前提。只有做好各项准备，在课堂45分钟中，男孩才不会因为各种状况影响正常的课堂学习。

汪斌是一年级的小学生，刚进入小学，还不能适应一堂课45分钟的规定。一下课，他就和同学追逐打闹，上课了，才想起来要找课本，上厕所。

妈妈告诉汪斌，以后一下课，就要把下堂课的课本拿出来放在桌上，然后再去上厕所，这样才不会影响学习效率。

每天上学前，妈妈都要帮助男孩检查一下基本的学习用品，同时要让男孩保持良好的学习心态，以积极主动的态度去面对每个45分钟。只有做好这些准备，男孩在课堂上才能有良好的状态，学习效率才会得到提高。

◎ 培养男孩专心听讲的好习惯

老师在讲课时有自己的节奏，男孩如果跟不上，就会严重影响听课质量，从而浪费了珍贵的45分钟。妈妈要教育男孩，在上课时紧跟老师的思路，尽早进入学习状态，全神贯注地听课，向课堂每一分钟要效率。

男孩的逆反心理很强，他们往往会根据自己对老师的喜好，来决定自己听课的认真程度，因此妈妈要首先改变男孩对老师的抵触情绪。

此外，妈妈还要让男孩根据自己的实际情况，选择适合自己的学习方法。男孩一般好动，上课时不能集中精力，妈妈还要有意识地培养他们的注意力，让他们对学习产生好奇心和进取心。

◎ 让男孩成为课堂上的积极分子

妈妈要培养男孩在课堂上积极提出问题、回答老师提问的好习惯，让男孩成为课堂上的积极分子，这样才能更好地调动男孩学习的积极性和主动性。男孩积极回答问题也是集中精力的良好体现。

赵兵是二年级的小学生，老师反映他在课堂上很胆小，从不主动回答老师的问题，被老师点名后，也是支支吾吾地说不出话来，其实那些问题他都能解决。

妈妈耐心询问，才知道赵兵是怕自己回答错了，会被其他同学嘲笑，他也害怕在课堂上讲出自己的疑惑，老师会嫌他笨。

在这样的心理状态下，赵兵成了课堂上的乖乖孩，学习成绩却不理想。

任何学问，都是通过提出问题、解决问题的途径获得的。主动提问可以提高男孩的思维能力、解决问题的能力，这些学习品质是男孩取得好成绩的保障。

妈妈可以通过在家里和男孩一起学习，让男孩提出问题或是给男孩提问题让男孩解答的方式，来帮助男孩成为课堂上的积极分子。

◎ 教会男孩正确地记课堂笔记

记课堂笔记可以帮助男孩很好地进行复习，但是不少男孩为了记课堂笔记耽误了接下来老师讲解的重点。因此，妈妈要教会男孩正确地记课堂笔记。

妈妈要告诉男孩，要尽量记录老师重点强调的地方和课本上提出的重点和难点，而不要事无巨细地记录，那样会浪费时间，也不会提高课堂效率。

◎ 培养男孩做课堂小结的习惯

妈妈要告诉男孩，对课堂上老师讲的知识，只有自己内化吸收、做出小结，才能成为自己的知识。做课堂小结不仅可以帮助男孩及时反馈信息，还可以促进男孩的概括能力和总结能力。

妈妈要帮助男孩在小结的基础上进行分析，找出自己课堂听课的不足并加以改进，提高课堂 45 分钟的效率，促进男孩学习进步。

有技巧地复习，
让知识在男孩头脑中生根

复习是男孩课堂学习的延伸，是对已学知识的深化理解、巩固强化和灵活运用，是提高学习成绩必不可少的一个环节。妈妈应该督促男孩及时复习课堂上所学到的知识。

有位哲学家说过，复习是学习的母亲。妈妈要让男孩通过运用各种记忆法养成良好的记忆习惯，提高记忆效果。

很多男孩上完一节课后就觉得如释重负，其实这并不表示已经完成了学习任务。完整的学习过程应该是上完一堂课，抽出一定的时间对所学的知识及时总结和巩固，然后再通过做课下作业来强化。

很多男孩抱怨所学的知识遗忘得很快，通常第一天讲的知识，几天后就忘得差不多了，这也是男孩学习成绩上不去的原因。

复习的目的是巩固所学的知识，复习越多，所学的知识就会越巩固，复习还会深化知识，从复习中拓展所学知识。

复习能够帮助男孩把今天甚至以前的知识和明天要学的知识融会贯

通起来。有的知识在课堂上只懂了一部分，需要经过复习，反复推敲，对其才能有更深的理解。对一些难懂的知识，必须反复思考，才能真正领会。只有及时复习才能让遗忘无机可乘。

崔浩是个学习不太好的孩子，总是抱怨自己的脑子笨，老师讲的知识在考试时他都记不起来。妈妈了解到崔浩也知道复习的重要性，就是没法付诸实践。这样下去，崔浩的学习热情也会被消磨掉的。

妈妈让崔浩每天拿出半小时看课本、看课堂笔记、看辅导书。妈妈检查完复习效果之后，才允许他做当天的作业。

一周过去了，崔浩发现自己的学习没有那么吃力了。尝到了复习带来的好处后，崔浩把这个习惯坚持了下来，学习成绩也有了很大的起色。

课后复习是男孩课堂学习的进一步深化，对于提高男孩对知识的掌握程度起着关键的作用，由于大多数男孩的复习是在家里进行的，所以妈妈要对男孩加以引导。

妈妈要帮助男孩掌握正确有效的复习方法，循序渐进，从提醒、督促过渡到让男孩自己独立复习，并逐步养成会自学的好习惯。妈妈要督促男孩及时复习，让遗忘无机可乘。

◎ 让男孩正确认识复习的意义

学到的知识不及时复习，就会很快被遗忘。复习是克服男孩遗忘所学知识的良药，“温故而知新”，复习有利于原有知识的总结和深化理解，也有助于对新知识的吸收和丰富，是巩固知识的主要手段。

妈妈要让男孩明白复习的好处，只有体会到复习带来的好处，男孩才能重视复习，学习才能达到事半功倍的效果。

课堂空间和时间的限制使男孩对知识的理解和把握是初步和肤浅的，而真正掌握知识还需要进一步的巩固。这就需要课后复习了，并且还要做到及时。

通过复习，可以加深男孩对知识的理解，做作业速度会加快，预习新知识时间就会缩短，第二天听课的效率也会提高。良好的学习习惯的养成对于课堂学习也会起到一定的促进作用。所以，妈妈要督促男孩认识到复习的重要性，并使它成为男孩良好的学习习惯。

◎ 教男孩掌握科学的复习方法

妈妈对男孩“授之以鱼”不如“授之以渔”。方法是居于首位的。只有掌握了科学的复习方法，才能避免遗忘。科学的复习方法要遵循客观规律，掌握科学的复习方法，让男孩有的放矢、有法可循，能够使男孩的学习效率大大提高。

孙嘉亦是老师眼里的好学生，他的优异成绩和妈妈教他的复习方法有关。

每次回到家，孙嘉亦会先把白天学的内容像放电影似的重现一遍，然后整理课堂笔记，并在整理的过程中查缺补漏，最后才开始做作业。

经过这样一番复习，孙嘉亦就能牢牢掌握所学知识了，所以学习成绩才能那么稳定。

男孩的复习要针对学科的特点，比如语文要重视读写，外语要重视语音、语法和词汇，数学要重视逻辑思维，历史、地理、生物要重视理解记忆，数学、物理、化学要重视理论实践等。

妈妈在指导男孩复习的时候也要考虑男孩的身心发展特点，可以用分散复习来代替长时间的集中复习。这样男孩既不会疲劳，也不会感到厌倦。

◎ 教育男孩要及时复习

当天学的知识要教育男孩当天复习，不能存有拖拉的心理。当天学的知识印象会比较深，复习起来也相对比较轻松。及时复习就能帮男孩建议良好的知识框架，减少学习的障碍。

根据艾宾浩斯遗忘曲线，遗忘是在学习之后立即开始的，而且是最初最快，以后逐渐变慢。妈妈要针对遗忘规律，帮男孩巩固复习效果。只有这样，才能让男孩的学习变得轻松。

如果学习的知识过了很长时间才去复习，就会遗忘很多，此时复习，几乎相当于重新学习，需要付出大量的时间和精力。因此，要求男孩在安排复习时间上要做到：当堂复习，当天复习，切忌“临阵磨枪”，考试前搞突击。

在男孩做作业之前，要让男孩先把当天所学的知识系统地看一遍，然后再完善课堂笔记，还可以适当地看些课外辅导书，以便深化所学知识。

妈妈还要帮助男孩制定一天复习、一周复习、一个月复习的复习计划，督促男孩按计划完成。时间一长，男孩就会自觉地养成及时复习的好习惯。

做题粗心是男孩的通病，三步变细心

粗心是男孩身上常见的一种毛病。它会给男孩的生活和学习带来很大困扰。很多男孩事后会因粗心犯下的错误而捶胸顿足，但是已经于事无补。

粗心的男孩往往缺乏很好的生活习惯和学习习惯。而缺乏良好的学习习惯，会导致男孩的学习成绩不理想。走上社会后，还会招致更大的挫折和失败。因此，妈妈要尽力对症下药，帮助男孩改掉粗心大意的坏习惯。

妈妈翻开男孩的作业本或者试卷，会发现男孩出错的地方，很少是有难度的题目。很多情况下，是一些很简单、很基础的题目。尽管做妈妈的大发雷霆或苦口婆心，但男孩却仍是我行我素、屡教不改。这令妈妈很是无奈。男孩粗心大意的毛病，如果已经成为习惯，纠正起来就会有困难。

王林浩现在上四年级了，但是他写作业粗心的毛病越来越明显。

做数学时多是马虎出错，通常会把“3”看成“8”，把“+”当成“-”；做语文作业，错别字特别多，写作文也会因为粗心跑了题；默写英语单词，甚至会出现简单的拼写错误。

妈妈给王林浩指出来，他还若无其事地说：“有什么了不起的，我自己本来就会，考试不错就行了。”

不仅如此，王林浩总是丢三落四，学习用品经常到处乱放，用的时候，满世界也找不到。妈妈很是为他头疼，用了很多办法，可还是没有什么效果。

男孩粗心大意并不是偶然发生的，妈妈要认真剖析男孩粗心大意的原因。一般来说，男孩粗心大意的原因主要有以下几种：

妈妈本身就是粗心大意的人；妈妈不当的教育方式，对男孩溺爱，没有规矩；男孩学习态度不严谨；男孩学业负担太重，作业多，忙中出错；男孩的视觉记忆和辨识能力较弱；妈妈发现男孩的马虎后没有及时给予纠正；男孩缺乏责任心等。

男孩年幼时，注意力集中还不稳定，不能长时间把精力放在一件事上，所以经常表现得粗心大意。妈妈遇到这样的情况，不能简单地批评男孩，而要做适当的引导和纠正。改变习惯需要一个过程，妈妈不要着急，慢慢帮助男孩改掉粗心大意的坏习惯。

◎ 妈妈不要干扰男孩的注意力

男孩的注意力很容易受到外界的影响。注意力受到影响，就不能集中精力学习，自然就会变得更粗心。男孩如果有粗心的坏习惯，那么在男孩学习的时候，妈妈要尽量避免干扰男孩的注意力。

王军其的爸爸妈妈特别喜欢打麻将，经常邀请一些朋友来家里打麻将，丝毫不顾及孩子的感受。

王军其本来就做题粗心，在父母的干扰下，粗心的毛病更是明显了。在父母玩闹的嘈杂声中，王军其发现很难将注意力集中起来，不自觉地会把题目看错，把单词拼写错。

妈妈要为男孩创造安静的学习环境。不在男孩学习的时候开电视机，也不要打牌或打麻将。最好妈妈也能坐下来，和男孩一起学习或看看书。这样，妈妈的榜样作用就会发挥效应，有利于男孩安心学习，错误和粗心大意就会大大减少。

同时，也要教育男孩在同一时间内只做一件事。不要一边学习一边干其他与学习无关的事情。注意力集中，男孩粗心的坏毛病也会得到很大的改善。

◎ 用自检作业法来培养男孩的细心

粗心的男孩在做作业时不专心，做完作业后也不检查，因为他们习惯于妈妈帮助检查。妈妈要让男孩学会自检作业，而不是在妈妈的强迫下检查作业。在妈妈的强迫下检查作业，会让男孩产生应付心理。粗心大意的毛病，也不会得到很好的纠正。

妈妈要教给男孩正确的检查作业的方法。检查作业不只是让男孩把题目重新算一下，或是检查有没有错别字。还要让男孩检查审题是否正确，然后在审题正确的基础上，检查计算错误和错别字等。妈妈应该让男孩自己检查并改正错误。这样才有助于男孩克服粗心的毛病，养成细心的好习惯。

◎ 培养男孩的责任心

责任心是做好一件事情的前提，男孩如果缺乏责任心，对任何事情都敷衍了事，肯定会导致粗心大意的坏毛病。一个有责任心的男孩，肯定是个做事仔细的人。

张光顾是个很粗心的孩子，常常丢三落四。这天上学时，又把作业本忘在家里了。他自己便回家拿了作业本着急地赶回学校。可是竟然忘了把钥匙拔下来，幸亏家里没有小偷“光顾”。

回到家，妈妈严肃地批评了张光顾。让他意识到自己对家的责任和义务，张光顾知道了自己的粗心给家里带来的威胁。向妈妈保证不会犯同样的错误，要做细心的孩子。

妈妈要在日常生活中有计划地培养男孩的责任心。可以让男孩做力所能及的家务，如洗碗、洗自己的衣服、扫地等。

如果男孩做得很认真，可以给予男孩一定的鼓励。如果男孩粗心大意，做得不好，妈妈可以对男孩提出批评。

用这样的方式来帮助男孩树立自己的责任感。逐步让男孩形成对任何事情都要认真、不能马虎的态度。

◎ 培养有序的学习和生活习惯

良好的生活、学习习惯属于男孩的非智力因素。非智力因素会对男孩的认知活动产生广泛的影响，使男孩的认知活动带上个人的特点和风格，粗心也是如此。

一个男孩的房里一团糟，鞋子也乱放。作业本往往字迹潦草，页面不规整。并且常常丢三落四，做事只会凭着自己的兴致，往往观察没有顺序，思考缺乏条理。无序的生活，很难让男孩有序地学习，粗心的毛病也就出现了。

妈妈要在生活中培养男孩良好的习惯和个性。这样才能够减少在学习中出现的粗心现象。妈妈可以让男孩整理自己的房间，这能让男孩变得仔细、有条理。

妈妈还要让男孩安排自己的课余时间和复习进度表，这能让男孩做事变得有计划、有顺序。通过这些方法，可以改变男孩的行为，可以改变男孩的习惯，以至于最后让男孩改掉粗心的毛病。

写作业是男孩的事，那么就该让他独立完成

现在很多妈妈喜欢陪着自己的孩子一起做作业，这样，渐渐地，就让男孩产生了依赖心理。一有不懂的问题就问妈妈，自己的错题也要妈妈帮忙找出来，因此养成了不独立做作业的毛病。

妈妈想陪男孩做作业，也是可以的，只是在陪同的过程中有一些事是不能做的。在看男孩做作业做不出来时，妈妈不要急于去指点男孩，因为这样会让男孩丧失自己独立解决难题的机会。

在男孩做完作业之后，也不要去帮男孩检查作业，让男孩自己来检查，提高男孩的自检能力。

帮助男孩养成独立作业的习惯，能够为他们以后的学习打下良好的基础，因为妈妈不可能永远都陪男孩做作业。

每天写作业时，李维的妈妈都陪着他做。他一边做一边想，遇到不懂的就问妈妈。妈妈也会很耐心地给他讲解，直到他说自己听懂了。

每次李维把作业做完了之后，妈妈也会把孩子的作业全部认真地检

查一遍，把所有的错题都标出来，然后再让孩子自己做一遍，看能不能做对。

在妈妈的帮助下，每次李维的作业交上去之后，几乎都能得满分，孩子也很高兴。但是每次考试下来，李维的分数都不高，总是会在卷子中出现一些因为粗心而出现的错题。

原来每次作业都不用自己检查，养成了他马虎的毛病，以致做完考试题，他也不会自己检查错误。

因此，早日让男孩养成独立做作业的习惯，早日让男孩学会自学，对他们大有益处。学习的事情，终归还是男孩自己的事，需要他们自己来面对这其中的成功和挫折。

独立作业，可以使男孩克服在做作业中对妈妈所形成的一些心理依赖。他们总觉得自己再烂的摊子也会有人来帮自己收场，便养成了马虎、不会自己检查错误的毛病。

让男孩养成独立做作业的习惯，也可以培养男孩独立解决问题的能力，是男孩学会自立时需要掌握的一种重要能力。

男孩只有能够独立地面对自己所碰到的问题，并且勇敢地去解决，才能不断地成长起来。如果总有妈妈来帮自己代劳，那么男孩永远学不会独立地做事情，个人能力也难以提高。

让男孩独立做作业，是对妈妈的要求，不是对男孩的要求。有时候妈妈的一些不当行为，无形中会害了男孩，因此一定要引起妈妈的警惕。

现在，就让男孩学会自己独立来完成自己的作业吧。

◎ 帮男孩排除影响注意力的因素

男孩的注意力不容易集中，写作业时三心二意，尤其周围环境中如果存在烦扰因素时，这种现象就更突出了。

赵飞今年十二岁，写作业一直很自觉、专心，因此各门功课都很不错。

赵飞刚读书时，妈妈就为他准备了一间独立的书房，并且规定孩子不能把与学习无关的物品带入书房，在写作业的时间不能邀请其他小朋友来家里玩。

妈妈告诉赵飞："你想和小朋友们玩，妈妈不阻止，但是在你写作业的时间，你必须专心地写作业。你现在也不小了，得学会约束自己的行为。"

由此看来，妈妈需要帮助男孩排除影响他们做作业的烦扰因素，例如为他们准备独立、整洁的书房。

◎ 不要监视男孩的学习

妈妈监视男孩做作业，看男孩有没有分心，这样会造成男孩学习时产生紧张心理，更不能专注学习。

平时做作业的时候，韩毅常常三心二意，有时候还会暂时放下自己手中的功课去做别的事情。妈妈就决定每天陪在韩毅身边，看着他写作业。

韩毅在妈妈的监视下，一下子觉得学习是一件让他很紧张又很难受的事了。他总是想玩又不敢玩，想写又没有心思写下去，总觉得自己像是在表演给妈妈看一样。这样一天下来，他就像在服刑一样。

在这种紧张的情绪下学习，反而是不利于男孩很好地吸收和掌握当天所学的知识的，所以妈妈最好不要监视男孩学习。

◎ 不要在男孩做作业时唠叨

妈妈觉得男孩做作业速度慢，不要总是唠叨，可以通过一些其他的方法来调节，比如和自己比赛等。

赵平的妈妈总觉得自己的孩子做作业的时候太拖拉，每天总是在那儿磨磨蹭蹭地写一两个小时，才算把作业给写完了。所以在赵平做作业的时候，妈妈只要一发现他又在干别的事情时，就会催他快点写。

赵平每次一听到妈妈的声音就喊："知道啦，烦死啦。我不是在写嘛。"妈妈的唠叨使得他很抵触写作业。在这种消极心态的影响下，他写作业的速度又降低了，质量也更差了。

男孩做作业时，妈妈不要在男孩耳边唠叨，这样只会增加男孩的反感情绪，只会适得其反。

◎ 鼓励男孩学会自己检查作业

让男孩学会自己检查自己的作业，是男孩在学习过程中一项很重要的能力，对于以后的学习也有很大的帮助。

王备亮每天做完作业后，都会把作业交给爸爸或妈妈检查。有一天，妈妈突然对他说："你还是自己来学着检查作业吧，这样，你就对自己的错题印象更深刻。在考试的时候，也就会自己来快速地检查有哪些题做错了。"

在妈妈的鼓励下，王备亮便开始每天自己来检查作业。他检查了几天之后，发现如果错了，还要改错，太麻烦了，所以在做题时更加细心，尽量避免错误发生，对于不会做的，则另当别论。

因为男孩在每次做完作业后，不论课堂上的、家庭的，还是考试时候的，都是自己单独面对的时候更多，所以一定要学会自己检查。早日学会，早日受益。

◎ 给独立做完作业的男孩奖励

在男孩独立做完作业后，妈妈要给男孩一定的奖励，鼓励男孩继续坚持下去。

李叶平时做作业都要让妈妈来陪着，妈妈发现自己陪孩子做作业后，孩子成绩不但没有上升，反而养成了一些坏习惯。

于是，妈妈就让他自己做作业。只要他能够做到独立完成作业，妈妈就答应满足他一个合理的愿望。李叶觉得很吸引人，就答应自己一个人做作业。

男孩有自己独立做作业的能力，有时候由于妈妈过于心急，害怕男孩学不好，就想着来陪男孩做作业，结果倒是让男孩对妈妈形成了一种依赖，在学习时变得更懒了。所以，妈妈要相信男孩，让他独立完成作业。

半天记不住，
提高男孩记忆力有诀窍

记忆是指人的大脑对经历过的事物进行贮存和再现的能力，通俗地说，就是把某一事物记住，在未来某个需要的时候就可以把它轻松地从大脑中调出来。就好像把某种东西放在某个特定的地方，需要的时候再取出来一样。

好多伟大人物的记忆力都非常好，他们讲话引经据典，出口成章，很多时候，讲出来的话都是书面语言。实际上，这表明他们的记忆力、说话的逻辑能力都非常强。

著名的桥梁专家茅以升小时候看爷爷抄古文《东都赋》，当爷爷抄完后，他就能够背出全文了。茅以升的记忆力非常好，在晚年的时候，他还可以背出圆周率小数点后面百位精确的数字。

苏联著名教育家苏霍姆林斯基说："小学生记忆力的强弱在很大程度上取决于男孩在早期童年时代进入到他们意识中的语言的鲜明度和情感色彩程度。男孩接受这些印象的同时也就锻炼了记忆力。"

因此运用鲜明的语言和富有情感色彩的表述可以引发男孩记忆的兴趣，而训练男孩的记忆力是妈妈的责任。

李波英语成绩老是上不去，他说自己根本就记不住单词，所以每次考试成绩都不理想。妈妈知道是孩子的复习策略没有掌握好。

这天，妈妈在书上看到了关于艾宾浩斯遗忘曲线的相关知识，便决定利用这个规律来帮助孩子巩固复习。妈妈按照艾宾浩斯遗忘曲线来辅导李波的学习，第一步就是背英语单词。

随着时间的推移，李波的记忆力有了很大的提高，除了英语，其他各科学习成绩也都有了很大进步。

古今中外，智力出众、记忆力不凡的人在相关专业成才的例子不胜枚举。

记忆，就是过去的经验在人脑中的反映。它包括识记、保持、再现和回忆四个基本过程。其形式有形象记忆、概念记忆、逻辑记忆、情绪记忆、运动记忆等。

记忆的大敌是遗忘。提高记忆力，实质上就是尽量避免和克服遗忘。在学习活动中只要进行有意识的锻炼，掌握记忆规律和方法，就能改善和提高记忆力。

影响男孩记忆力的因素很多，比如学习动机、学习兴趣、记忆方法、睡眠质量、情绪好坏、身心健康状况等，但是，最关键的还是良好的、适合自己的记忆方法。所以，妈妈应该有意识地培养男孩的记忆力，在影响男孩记忆力的因素上下功夫，力争把这些因素积极化、正面化，为提升男孩的记忆力品质增添一分力量。

◎ 明确近期记忆的目标

人不管做什么事，都要有目标。这个目标诱惑着人、引导着人，使人步入更高的境界。同样，妈妈必须使男孩清醒地意识到，自己的学习总是有一定的目标的，这是成功地改进记忆效能的一个前提和基础。

确立记忆的近期目标的关键是要学会安排记忆进程，把长远目标划分成若干不同的近期目标，一个一个地实现，一个一个地跨越。每当达到了一个近期目标，就能增强信心，改进记忆效能，提高记忆速度。

当达到了所有的近期目标后，苦心积虑所要追求的长远目标也就胜利在望了。而对长远目标的靠近，无疑会更强有力地刺激记忆效能，从而更有效地提高记忆能力。

◎ 激发男孩的记忆兴趣

兴趣是增强记忆力的催化剂。一个人对他所感兴趣的信息和对象，会产生高度集中的注意力与观察力，精神上会更加亢奋。

例如，对地理感兴趣的同学，由于伊拉克战争的吸引和关注，会非常熟悉伊拉克的地图，以及它的地形地貌及周边环境。

所以，在记忆前，最好让男孩对所要记忆的知识产生兴趣，这样就能大幅度地提高记忆速度，增强记忆效果。

◎ 在理解的基础上进行记忆

在积极思考、达到深刻理解的基础上记忆知识的方法，叫做理解记忆法。理解记忆的基本条件是对知识进行思维加工。

有些知识，如科学概念、范畴、定理、法则和规律、历史事件、文艺作品等，都是有意义的。

人们记忆这类知识时，一般都不采取逐字逐句强记硬背的方式，而是首先理解其基本含义，即借助已有的知识经验，通过思维进行分析综合，把握知识各部分的特点和内在的逻辑联系，使之纳入已有的知识结构，以便保持在记忆中。

理解记忆的全面性、牢固性、精确性及迅速有效性，依赖于小学生对知识理解的程度。理解记忆的效果优于机械记忆。

◎ 让男孩在良好的心态下记忆

心理学实验证明，心情舒畅、精神饱满的人，记忆效果就好，反之则差。那么，如何保持良好的心理状态呢？有以下五点秘诀。

一要树立正确的人生观、价值观。二要客观地评估自己和他人。三要有遭受挫折的心理准备。四要善于调控和转移注意力。五要积极参加公益的集体活动。

◎ 利用直观形象进行记忆

根据心理学家的统计和研究，小学生擅长于具体形象的记忆。直观、形象的东西，尤其是视觉影像，容易给男孩留下深刻的印象。

因此，当男孩记忆一些抽象的东西时，要尽可能地让他们把抽象的东西与具体、形象的东西结合起来，在形象的基础上，概括出具有普遍性的结论。

◎ 及时复习，增强记忆效果

记忆与遗忘是对立统一的，人的遗忘是有规律的，表现为最初遗忘的速度较快，以后遗忘的速度会逐渐地变慢。因此，在遗忘到来之前，必须及时复习，以便大大提高记忆的持久性。

复习要有简练的复习提纲，依纲复习，纲举目张；并且要将及时复习、集中复习、分散复习相结合。这样，才能达到良好的复习效果，增强记忆。

学得好很重要，让考分和努力成正比更重要

望子成龙是每位妈妈的心愿，取得好成绩也是每个男孩的心愿。考试是评价男孩学习情况的重要形式，好成绩不只要有扎实的知识，妈妈还要帮男孩掌握考高分的技巧。

考试不只是考查男孩的知识储备，也是在考查男孩的心理素质和考试技巧，掌握一些考试技巧，对于男孩争取高分是很有必要的。掌握考试技巧的男孩往往对考试充满信心，会以积极的态度来对待考试，有时候甚至会让男孩超常发挥。

考试是一个技能测试，妈妈总希望男孩能神奇般地获得提高，他们相信男孩学到了知识，就会在考试中争取到好成绩。

有些男孩可以做到，还有些男孩虽然掌握了知识，但在压力下阻碍了思路。

掌握考试的技巧并不是天生的，是要通过老师、妈妈的帮助才能实现的。妈妈要把一些技巧在男孩参加考试前传授给男孩，让男孩在不断的

考试中摸索出适合自己的考试技巧。

李灏不是最聪明的,但他注重学习方法和考试技巧,每次成绩都不错。老师常夸他成绩稳定,每次考试都能正常或超常发挥。

李灏第一次单元测试时,也很紧张,他总担心考不好,看到试卷后头脑一片空白,许多简单题都做错了。妈妈了解情况后说:“你这是怯场,你要学一些考试技巧,使自己能从容应试。”李灏记住了妈妈的话,也记住了这次教训。

从此,他不断磨炼考场技能,无论是老师讲的,还是同学说的,他都用心去实践。不到一年,李灏在考场上就能冷静沉着、应付自如了。

现在,李灏不怕考试了。他自信冷静地做题,内心牢记着各种技巧。无论是简单题、难题,他都能把握得很好。

妈妈要教给男孩基本的考试技巧,如:开始做考试题前,应该仔细阅读提示,这样男孩才不会遗漏重要的信息;男孩应该把每道题仔细地读两遍,通常问题中一个不起眼的词就会改变它的意思,也会改变答案。

让男孩有策略地应试,首先做自己有把握的题目,不确定的题目先做个标记,如果时间充足,再回头攻克。

同时针对每门学科的特点,妈妈要教给男孩具体情况具体分析,根据不同的特点来制定不同的考试技巧,让男孩在各学科都能有好的成绩。

在考试中取得较高的分数,能够增加男孩的自信心和成就感。妈妈要传授给男孩考高分的技巧,让男孩爱上考试,并考高分。

◎ 调整心态,做好考前准备工作

考前准备工作做得好,男孩才能信心十足地进考场。男孩在考前,要睡足八小时,早晨吃一些清淡的早餐,按照清单带齐考试用具,提前半小时到达考区。这些都是为了调整心态，尽量克服紧张状态，保持平常心。

入场前可清点一下物品，或翻翻随身带的复习资料，简单记忆一下重要的知识点，让它们在脑海里“过过电影”。尽量避免紧张、焦虑、恐惧的心理，保持心情放松。

◎ 用不同的方法对待不同的题目

人们用战场来形容考场。考场多变，各种各样的题目都会遇到。这就要求妈妈给男孩讲解不同类型的题目的解答技巧。

王栋梁今天参加了市里举办的数学竞赛。数学竞赛的题型多，又讲究技巧。在答题中，他遇到了几道有点难度的题目，刚开始他觉得这下完了，可是转念一想，自己不会，别的同学也不会啊。

王栋梁静下心来，慢慢研究。他换个角度用逆向思维来解题，再联想以前碰到的类似的题目，问题就迎刃而解了。结果，他取得了数学竞赛的铜奖。

妈妈要教育男孩因题而异调整自己的思路。遇到比较容易的题，要小心出题者的“陷阱”；遇到难题不要钻牛角尖，先放下，过段时间再做，说不定会“柳暗花明”；遇见不曾见过的题，要回忆和它有关的知识；遇到绝对答不出的题目要学会“猜”，不能让试卷空着；遇到综合性强的题目，要平心静气地一步步分解，然后彻底解决。

◎ 让男孩避免考试粗心

粗心是很多男孩在考试时常犯的毛病。由于粗心造成的危害程度不一，有的学生由于考试粗心，没能进入理想的学校就读；有的学生因考试粗心，审题看错题丢分而捶胸顿足。男孩在考试中因为粗心而造成丢分的，男孩心痛，大人也心痛。

赵奇很粗心，不但作业错误不断，考试时也不例外。期末考试后，妈妈看他的试卷,至少有一半的题目是因为粗心而做错的。

于是妈妈给他提出了几条要求:做作业前先复习以前所学的知识,做作业时放慢速度,做完作业自己检查,然后交给妈妈检查。很快,赵奇的粗心现象大为减少。

妈妈要在平时就培养男孩仔细的习惯,教男孩以平常心对待考试,让男孩自我监督,时刻记着"坚决消灭错别字""不要忘记复习"等,提醒自己注意改掉粗心的毛病。

在考试前,根据各门课易出现的错误,易出现的粗心,妈妈要和男孩一起讨论,针对各门课的不同情况写出一些自我提醒的语句,对男孩克服考试粗心的习惯很有好处。

◎ 不要让对答案带来心理困扰

从小学开始,每逢期中、期末考试,都是至少考两门。考完一门后,许多男孩喜欢对答案,看看自己做得是否正确,这样无论对错,都会干扰心理的平静。考完一门,男孩应该马上调整状态。考完后应稍做休息,然后看看下一门课的复习资料。男孩调整好状态,不受上科考试状态的影响,才能好好应付下一门考试。

设立学习目标，让男孩学习更有动力

男孩没有学习目标，这不是什么新闻，许多男孩不知道自己学习知识是为了什么。对于许多男孩来说，学习是他们的任务，而不是他们追求美好生活的必经途径。这也是许多男孩对学习感到厌烦、抗拒学校的原因所在。

男孩没有学习目标，原因有很多。有些男孩缺乏独立性，或者妈妈没有给他们安排自己独立生活和学习的机会，导致男孩只知道去做妈妈让他们做的事情，而从来没考虑过自己为什么要这么做，要做到什么程度才可以。

有些男孩在学习上取得成就时，甚至说自己是为了妈妈，为了让妈妈高兴。怀着这种学习动机和目标的男孩不在少数，甚至还包括许多大学生，他们从来没想过学习是自己的事情。

如果学习是帮助妈妈完成的任务，那么男孩当然只会把学习当作任务来完成，更谈不上会自己安排学习，树立正确的学习目标了，因为他们的学习目标就是为了妈妈。

顾飞彻今年上初中二年级了，他很聪明，学习成绩一直也很好。可是最近不知道怎么回事，他突然对学习没有什么兴趣，一放学就赖在电脑前玩游戏。妈妈催促他，他也只是张口答应，迟迟不动身去学习。

这天，放学回到家的顾飞彻把书包往客厅的沙发一丢，然后顺势坐在沙发上开始发呆。妈妈见此光景，便问他："为什么在这里发呆，不去学习?"

沉默了一会的顾飞彻终于开口向妈妈透露，原来他最近感觉学习没有目标，不知道自己学这些知识做什么，也不知道自己到底要学到什么程度。

妈妈握着他的手说："人类的知识就像海洋一样无边无际，穷尽一生也学不完的，但是每个人都应该有自己专长的领域，学习知识可以让人的生活更加美好。"

男孩能够树立远大的学习目标，对于他们一生的学习和发展都有重要意义。只有知道自己的终点在哪里的人才能知道怎么走到终点，只有拥有学习目标的人才能努力学习，克服学习上的困难，勇往直前，不达成功不罢休。

那些没有学习目标，认为学习是为了妈妈的男孩遇到困难就很容易退缩，而且在取得成功时也不能体会到真正的愉悦和满足。

作为妈妈，应该帮助男孩树立起学习目标，这样才能让男孩真正勤奋地学习，遇到困难也能努力想办法克服。

◎ 告诉男孩学习是你的事情

那些认为学习是为了妈妈的男孩是缺乏正确学习目标的男孩，他们不明白人生是自己的，所以，妈妈要告诉男孩，自己的路要自己走，妈妈指导他们学习，也是为了让他们拥有更好的人生。

妈妈应该及早给男孩灌输这种意识，即学习是男孩自己的事情，他们的学习目标也不是为了妈妈，因此妈妈在督促男孩进行学习时要避免使用“你给我……”或者“如果你能为我……”这些句式，妈妈无形的语言会使男孩觉得学习是为了妈妈。

◎ 指导男孩树立长期的学习目标

当男孩进入一定年龄之后，妈妈就应该指导他们树立长期的学习目标，这种学习目标应该对男孩现在的学习起到激励作用。

王古古是个初二年级的男孩，他每天学习起来非常用功，学习成绩也很好。其实以前王古古也非常不喜欢学习，而对养花养鱼非常感兴趣。

妈妈知道后，便对他说：“其实养花养鱼也是一门知识，也需要学习，但是你现在得打好基础，要不将来就学不好这些知识了。”

王古古听了之后，表示以后要努力学习，成为一位生物学家。

妈妈应该指导男孩树立长期的学习目标，例如男孩对动植物感兴趣，妈妈可以指导他们学习生物知识。树立了长期的学习目标后，男孩就不会对知识和学习感到迷茫了，知道自己最终要走到哪里去。

◎ 告诉男孩为什么要学知识

许多男孩没有学习目标，是因为对知识的重要性认识不够。他们把学习当成学校和家庭分配给自己的任务，把学习当成一种负担。在这种错误的认识下，男孩当然不会有明确的学习目标，也难以主动自觉地学习。

万元家里不太富裕，从小妈妈就告诉他：“只有知识才能改变命运，学到了知识，才能更好地为社会作贡献，才能提高自己的社会地位，才能获得更多的发展空间。”

妈妈还给万元讲了许多贫寒的人通过学习最终到达成功的故事，以此向他强调知识的重要性。在妈妈的教育下，万元学习非常认真，学习成绩也很好。

一个人只有知道知识的重要性之后，才会主动自觉地为自己设置学习目标，才会有学习的动力。因此妈妈应该经常给男孩讲解知识的重要性，通过名人的故事进行实例教育，也可以鼓励男孩把那些关于知识的名人格言摘录下来作为座右铭。

◎ 指导男孩分解学习目标

男孩小时候总是说长大后要当科学家或者教师等，但是当他们在学习中遇到困难时，却往往忘记了这些伟大的学习目标。妈妈应该指导男孩把每个学习目标分解成更小的目标，让他们在面对现实困难时找到具体的奋斗目标。

张帆今年正在上初中三年级，他希望可以学习医学知识，将来救死扶伤。可是他遇到学习困难时，却非常苦恼，他总是说："这么多题不会，我以后怎么当医生啊？"

妈妈告诉他："当医生不是学一天两天就能当成的，你得先打好基础知识。所谓千里之行，始于足下啊，没有人能一蹴而就。"

张帆听了之后觉得很有道理，于是又埋头写起了作业。

学习目标过于抽象，男孩往往难以看到自己正在学的知识的用处，妈妈应该细心指导男孩分解学习目标，从一生的学习目标到现阶段的学习目标，再到具体每一天每一个小时的目标。

例如男孩想学习篮球知识，妈妈可以指导他们先学会基本的传球、运球等技巧，再把这些大的学习目标分散到每一天，规定每一天的训练目标等。

第七章
生活离不开钱和交际，教男孩处理好与这两者的关系

进行“小绅士”教育，让男孩学会礼貌待人

训练口才，让男孩说出一口让人高兴的漂亮话

妈妈要让羞怯腼腆的男孩学会待人接物

学会跟别人合作，奠定男孩未来的成功基石

你不理财，财不理你，让男孩树立正确的理财观

制订开支计划，让男孩握住自己的钱

有节制地消费，让你的男孩学会量入为出

钱越积越多，会储蓄的男孩更能驾驭金钱

培养节俭观念，不让男孩胡乱挥霍钱财

鼓励男孩大胆与人交往，克服内心的恐惧

进行“小绅士”教育，让男孩学会礼貌待人

文明礼貌表现一个人良好的素养，文明礼貌是一个人在公众场合最得体的华服。礼貌是最容易做到的事情，也是最容易忽视的事情，但它却是最珍贵的事情。

讲文明懂礼貌是一个男孩首先要学习的，无论是在家庭还是在学校。从男孩刚刚懂事或者牙牙学语的时候，妈妈就要教男孩见人要说“你好”，别人走的时候要说“再见”。

上幼儿园后，妈妈会教男孩对老师说“老师好”“老师早”，等等，这些都是男孩要学习的。可能很多妈妈在无意识中已经教会了男孩很多文明礼貌的用语，很多公共场所的注意事项。

这些都是值得肯定的，男孩的行为习惯不仅是他本人的行为表现，同时体现了妈妈是怎样的人。一个有修养、有文化和内涵的妈妈，在男孩很小的时候就会给他上文明礼貌这一课。文明礼貌的学习，代表了男孩将成为一个社会人，而不是一个自然人。

但是很多家庭却忽视了对男孩文明礼貌的教育，任由男孩自己成长。如果没有专门的指导，男孩是不会自发地学会讲文明懂礼貌的。

所以，妈妈要在平时的生活中提醒男孩，“垃圾不能随便乱丢”“见了人要打招呼”“举止要文明”“公众场合要维护秩序”“不能无端打扰别人”，等等。

别小看文明礼貌问题，如果一个人连最起码的文明都不讲，连基本的礼貌都没有，这样的男孩很难被他人和社会接受。

李佑的班级要为贫困灾区的孩子举办捐款义演活动，他们想借用一家商场前面的广场，便决定由李佑找商场负责人商谈。很快，李佑就回来告诉大家，商场经理不同意，说耽误他们做生意。

后来，李佑和班长一起去了第二次。班长找到那个负责人很礼貌地说：“叔叔，这次义演很重要，为了帮助贫困地区的儿童，请您帮我们这个忙吧，贫困儿童也会感谢您的。”

那个负责人考虑了一下就答应了。还说：“早这么客气，至于要来第二趟吗？”李佑听了，脸一下子就红了。

同样的事，不同的人做可能得到的结果不一样；同样的意思，让不同人表达，收到的效果可能也不一样。这就体现了一个人交际能力的重要性，尤其是文明礼貌问题的重要性。

如果男孩在做事情前首先能端正态度，能够尽量做到谦和有礼，得到对方的认可，那么很多事情都能顺利解决。

文明礼貌不需要刻意表现，这是一种行为习惯。在男孩小的时候，妈妈能让男孩在行为中注意表现，一旦形成习惯，在日后的生活中就会自然而然地表现出来。

◎ 让男孩学会打招呼

在男孩小的时候，妈妈要让男孩学会问好，学会打招呼，这是礼貌的起点。当家里来了客人，让男孩知道站起来问好，为客人倒水等。当客人离开的时候，男孩应该和妈妈一起把客人送到门口。

汪强跟妈妈去商场，在商场，妈妈正好碰到了以前的同事，就在那儿聊了一会儿。汪强一个劲地督促妈妈："快走啊，我要去买飞机模型。"

妈妈对他说："等会，我和阿姨很久没见了，要再聊一会儿。"

汪强嘟起小嘴说："什么时候不能聊啊，干吗非在这个时候？"同事看了看他，对汪强的妈妈说："以后再聊吧，你先带孩子去买东西吧。"

汪强的妈妈很抱歉地看着同事，心里对儿子很失望，觉得儿子太不懂事了。

在外面遇到朋友，妈妈要让男孩问好。当妈妈和别人说话的时候，要让男孩保持安静，不能随便插话和打断，做个懂规矩的孩子。

◎ 让男孩对人说话用敬语

妈妈要教导男孩对人说话的时候要用敬语，请别人帮忙更应该很客气地去请求，不能没有礼貌，否则没有人会愿意帮助他。

妈妈要禁止男孩说粗话，男孩可能会跟影视或者其他人学会一些口头语，如"他妈的""混蛋""他奶奶的"……这都是很不文明的表现。

当男孩无意说起这些不文明的语言时，妈妈要严厉批评，否则，一旦养成习惯，就会不分场合地脱口而出，到时候就很难纠正了。

◎ 让男孩遵守公共秩序

妈妈要让男孩在公共场合注意自己的行为，例如不要在公共场所随地吐痰，不要大声喧哗，不要故意影响别人。维护公共秩序，乘车、购物，需要排队的要排队，不要插队，主动给老弱病残孕让位，尽量给别人带来方便。

妈妈要给男孩树立这样的良好形象，让男孩能够自觉做到讲文明懂礼貌，爱护公共资源，珍惜公共财产，遵守和维护公共秩序。

◎ 让男孩根据场合调整言行

妈妈要告诫男孩，他的行为语言着装等都要符合自己的身份和场合，不说不合自己身份的话，不做不合自己身份的事，对什么样的人说什么样的话，在什么样的场合要有什么样的表现，这都表现了一个人的良好素养，是文明礼貌的一种表现方式。

赵岗和妈妈一起出席一个著名作家的追悼会，这个作家也是赵岗所崇拜的。临去的时候，妈妈让赵岗去换件黑色或白色的衣服，不要穿得太鲜艳。

赵岗明白了妈妈的意思。在追悼会上，赵岗表现得很严肃、哀伤，用手拉着逝者家属中一个和他差不多大的小女孩，拍拍她的肩膀，告诉她不要太难过了。赵岗的表现让妈妈很满意。

妈妈要让男孩学会做事要掌握住分寸，在什么样的场合应该怎么样表现，妈妈可以通过具体的场景展示给男孩看，让男孩明白自己应该怎么做。

◎ 让男孩注意自己的形象

一个举止文明、行为礼貌的男孩会获得别人的好感，会赢得更多的赞誉和掌声。男孩也都愿意在别人眼里是个可爱的男孩，是受人称赞的。因此妈妈要经常提醒男孩，要注意自己的行为在别人眼中的印象，不要让自己的不文明带来不良影响。

这样一来，男孩就会为了让自己能在别人面前有个良好的形象而讲文明懂礼貌，表现得很完美，以赢得别人赞美的目光。

训练口才，
让男孩说出一口让人高兴的漂亮话

口才是男孩综合能力的重要体现。在重视信息的社会中，人们往往根据男孩的说话水平和风度来判别其学识、修养和能力。口齿伶俐、能言善辩，是男孩应该具有的一项基本素质，因此，妈妈要重视训练男孩的口才，秀出男孩的独特魅力。

现代社会更加强调合作的重要性，在合作的过程中，语言是最直接和最方便的传递方式，男孩的语言表达能力强，就会保持顺畅的交流，也能更顺利、更准确地传达信息。如果语言表达不够明确，就会阻碍彼此的交流，达不到合作的目的。

李世杰今年上三年级，在学校的演讲比赛中又得到了第一名的好成绩。在学校里，很多节目都由他当主持人，这主要得益于妈妈平时对他的教育。

李世杰小时候性格内向，不喜欢和陌生人说话，妈妈觉得这样下去对孩子的发展不利，就将李世杰的小伙伴邀请到家里，举行小型的演讲会。

每次演讲会的内容都不一样，妈妈要求每个孩子都要开口说，表现出色的还有奖品，在这样的教育方式下，李世杰的口才越来越好。

男孩口才差，不会表达，原因是多样的。妈妈要找到男孩不善言辞的原因，然后才能有针对性地进行教育。

男孩口才差的原因有以下几点：

其一，男孩性格内向，害怕向别人表达自己。在人群中没有交流的欲望，也没有胆量去向别人表达自己的观点，表达能力欠缺。其实他们也能够理解别人谈话的意思，就是不想参与进来。也就是说，男孩缺乏交流意识。

其二，没有给予男孩正确的引导。比如男孩小的时候，有时候话不连贯，用词不当，男孩翻来覆去说不明白时，妈妈的批评，让男孩很紧张，没有了讲话的勇气。时间一长，男孩也就不爱说话了。

其三，男孩对要说的话题不感兴趣，或者与妈妈之间有代沟。妈妈经常看不惯男孩的言行，喜欢进行干涉，引起了男孩的反感。因而男孩喜欢用沉默来对待谈论的话题。在男孩面对学习压力过大的情况时，需要独处来调整自己的状态，也不愿意表达自己。

表达能力强，是男孩非常大的一个优势，尤其在现在这样一个激烈竞争的社会里，妈妈更要重视对男孩表达能力的培养。

男孩出色的口才不是与生俱来的，它要靠妈妈的耐心和细心培养。妈妈有责任和义务在男孩成长早期就着力训练他们的口才。

◎ 从小就重视男孩的语言表达能力

不少男孩性格内向，不喜欢说话，尤其是在公共场合，面对公众时讲话紧张、语言混乱、缺乏逻辑，其实这是男孩口才不好的体现。

优秀的男孩都有优秀的成绩和出色的综合素质，而出色的口才正是男孩综合素质的体现。许多学校招生时除了看男孩的成绩外，还增加了面试的环节，其实就是为了考查男孩的说话能力。

妈妈要想培养男孩的语言表达能力，在男孩3岁以前就应该着手进行。小时候是锻炼语言表达能力的黄金时期，妈妈要在男孩小时候练好口才，为其成功的一生打下基础。

◎ 在家庭中锻炼男孩的口才

男孩进入学校之后，通常会在吃饭的时候向妈妈讲他的所见所闻，甚至会将老师的话拿来说给妈妈听，讲到高兴的时候，还会忘记了吃饭。遇到这样的情况，很多妈妈都会厉声制止男孩，这对锻炼男孩的口才是一种阻碍。

其实，很多妈妈工作比较忙，和男孩相处的时间大部分都是在饭桌上，妈妈完全可以利用这个机会来锻炼男孩的语言表达能力。在男孩说话的时候，找出他们在语言表达方面的优点和缺点，有针对性地指导男孩。

妈妈要参与到男孩说话的内容中去，并且也要让男孩参与自己的生活，必要时应多让男孩成为交谈的中心，促使男孩积极地与妈妈进行交流。男孩在和妈妈交流的时候，也就锻炼了自己的说话能力。

◎ 给男孩演讲的机会

男孩到了五六岁就喜欢开始他们的演讲，讲他们身边发生的事情，甚至会把自己在学校里听来的故事说给妈妈听。遇到这样的情景，妈妈不要制止男孩，而要给男孩演讲的机会。

此时，演讲成了男孩有目的、有组织地培养口才的自觉行动，妈妈应该给予适当的引导，比如组织“家庭演讲会”“小朋友演讲会”等，以此培养男孩的口语表达能力。

最初男孩的演讲可能不顺畅，妈妈一定要细致耐心地对男孩进行指导和鼓励。只有这样，才会锻炼出男孩较好的口才。

◎ 增加男孩的知识素养

要想让男孩成为公众场合可以吸引他人注意的人物，就必须让男孩博览群书，积累谈资，因为只有广泛涉猎各种知识的男孩，才会口若悬河，不会出现因为不了解相关知识而无法和别人交谈的尴尬。

在和他人交际的过程中，男孩抓住别人感兴趣的话题去谈话，会直接增加男孩给别人的印象，这需要男孩增加自己的知识素养，做到和他人交谈的时候有话可说。如果男孩难以和他人有共同语言，使别人感觉和他交流寡淡无味，对方就会丧失继续交谈的兴趣。

李汉韵是个内向的男孩，轻易不在外人面前说话。妈妈仔细询问原因才知道，孩子不知道该在别人面前说什么，别人说话他又插不上嘴。

妈妈知道了原因，就带李汉韵去图书馆，李汉韵看到琳琅满目的书很兴奋，妈妈答应给他买书，但要求他把书上的内容讲给父母听，李汉韵很乐意地答应了。

随着阅读量的增加，李汉韵的知识丰富了，说话能力也得到了很好的锻炼。

妈妈要启发男孩，将自己在生活实践中探索和总结的经验，以及和别人在交流过程中遇到的事情记录下来，作为自己的交流资料，以此强化自己的言语表达能力，这个习惯若能保持下去，男孩就会具备语言表达的魅力，从而受到更多人的欢迎。

妈妈要让羞怯腼腆的男孩学会待人接物

“世事洞明皆学问，人情练达即文章。”男孩要面向社会，就得学会“人情练达”，做一个待人接物的高手，将个人素养、礼仪充分展现。

待人接物是一门高深的学问，主客之间的礼仪是其中很重要的内容。主客双方都应遵守规则，一旦一方未按规矩办事，另一方便会觉得对方不懂礼数，感觉受到了侮辱。主客矛盾出现，双方常常会不欢而散。

一个男孩对待人接物之道了解得越多，在人际交往中就越会如鱼得水，给对方留下好印象。很多时候，双方打交道时的第一印象，决定了以后交往能否顺利。第一印象多由待人接物的细节来决定。

待人接物的礼仪集中体现在交往的细节中。客人应遵守哪些交往原则，主人应具备哪些礼数，都有规定。从客人进门直到离开，主人从接待、打招呼、招待、谈论、送客都有讲究，即主人对客人要尊重、礼让、热情、周到，客人要尊重、自律。

李宇达在小区花园里踢球，邻居王丽抱着金鱼缸来晒太阳。王丽说：“李宇达，你可小心点，别踢着我鱼缸啦。”李宇达说：“那你离我远点，我可控制不好。”王丽便抱着鱼缸走了。李宇达说：“真是小心眼，说一句话就跑了。”

晚上，妈妈请王丽来教李宇达数学。李宇达马上说："我不学。"王丽说："你怎么态度这么差，我也是好心帮你。"

李宇达说："你的好心我不需要。"王丽生气地说："李宇达，我可是到你家做客来了，你怎么这么凶啊，我不敢招惹你了。"说完就转身走了。

妈妈看到这一幕说："看来是我太惯你了，你刚才很不礼貌，把王丽都气走了，一点也不像主人的样子。"

待人接物的能力，大多是在生活中培养的。妈妈要注重生活给男孩的教育，让男孩多参与到生活中来，通过具体的场合和事件，培养男孩认识事物、处理事物的能力。

如今大多数男孩都是独生子，如果妈妈没有把握好爱护的度，过分溺爱，就会让男孩变得娇气、没有担当、不堪一击，更别说长大以后成为家庭、社会、国家的栋梁了。

要想让男孩长成铁骨铮铮的男子汉，能够自如地对待周围的事情，不是那么简单的事情。妈妈在教育男孩的问题上，要把握住分寸，将男孩往正确的待人接物的方向上引导，不要让男孩做一个什么事都要依赖父母、什么事都不能独立做好的绕树藤。

当然，男孩要练达人情，绝非一日之功。小的时候只能学皮毛，跟着大人的样子做。随着年龄的增长，男孩也会在这方面表现得更成熟。

如果不学习、不练习，到成年了也未必懂得待人接物。妈妈只有从小培养，才能让男孩充分掌握待人接物的技巧和分寸。

◎ 真诚是待人接物的核心

待人接物的种种礼节习惯，离开了真诚和尊重就毫无意义。例如男孩对人说："对于您的到来，我非常高兴。"可是却一脸不悦，此话的诚意就大打折扣了。妈妈除了教男孩礼仪，更重要的是要让他用真诚的心来实施礼节。

男孩只有尊重来宾或主人，心怀诚意，才能在言谈举止中让对方感到愉悦，感到被尊重。尊重和真诚是待人接物中第一位的，没有它，一切的礼节都成了虚伪的客套。

◎ 教男孩待人接物的礼节

待人接物是一个全套的礼节，从客人到来到离开，或从去主人家到离开，每一个环节都有一定的要求。妈妈要在日常生活中教导男孩必要的礼仪规范，让男孩做个有礼貌有素质的男孩。

例如，有客人来访时，妈妈可以鼓励男孩主动、热情地向客人问好、让座、倒水；在客人谈话时不要随便插话、打扰客人等。

同时，妈妈还可以通过做角色游戏、讲故事等方式，一遍一遍地对男孩进行强化教育。男孩对这一整套礼仪细节烂熟于心，在实践中就能自如应用了。

◎ 从日常点滴的渗透做起

待人接物也就是主客之间的一些礼仪小细节，男孩了解得越多，就做得越棒。妈妈要仔细观察，一旦发现男孩有不合礼的地方，就应在适当的时候帮男孩改正。

王栋和妈妈去王阿姨家做客，走到王阿姨家门口，王栋连招呼也没打，直接就冲了进去，直奔游戏机。原来，他上次来玩了半天就惦记上了。

晚上回家，妈妈对他说："下次再去王阿姨家做客，要先问候王阿姨好，要玩游戏，也要先征询阿姨的同意。这是一种礼貌，你要是不能遵守，下次就不带你去了。"

王栋听后点点头。

待人接物就是一些小细节，妈妈的教育工作也应该从细节抓起。不能忽略任何一个细节，发现一个改正一个，渐渐地，男孩就会变成一个“小绅士”。

◎ 让孩子多练习接人待物

男孩要在生活中多一些实战经验。只要有机会，妈妈就应该带上男孩走亲串友，男孩会从妈妈的身上学会如何做客人。节假日，妈妈可以邀请朋友到家里玩，让男孩多一些做小主人的体验。

张浩的妈妈看周末到了，就邀请了几位同事带孩子到家里玩。张浩负责准备玩具、游戏内容。同事的孩子们一到，张浩马上和他们打成了一片。

丁丁口渴了，张浩马上去准备饮料；小花想玩布娃娃，他也马上找了出来。张浩的小主人经验，也是在实战中培养出来的。

待人接物不是纸上谈兵，在交往场合中，各种问题层出不穷，男孩只有多实践，才能练就娴熟的待人接物技巧。妈妈要多给男孩提供一些实战机会，让他学会做客人，也能做主人。

学会跟别人合作，奠定男孩未来的成功基石

所谓独木不成林，一滴水难以成江河。在生活中也是如此，一个人的力量是有限的，汇聚众人的力量才能开大船。

合作能力作为成功必须具备的一种基本能力，妈妈在对男孩进行早期教育时应该充分予以重视。懂得合作的男孩才能在未来的人生中与他人实现双赢，同时创造自己的成功。

男孩的心理发展属于不成熟、不稳定的阶段。尤其在中学时代，男孩的自我意识较强，总认为自己什么都是对的，以自我为中心，只看到自己的优点，看不到别人的优点，等等。

这些现象一方面是由于男孩处于自我意识较强的心理发展阶段，另一方面是男孩缺乏合作意识的典型表现。如果由男孩任意为之，不加以引导和教育，那么以后男孩进入社会将无法与人合作，甚至不懂得尊重别人，与人相处都会出现障碍。

人类心理中存在着“合作需求”，就是一种愿意与其他人合作工作以

达到共同目标的一种愿望和心理需求。

科学家们经过核磁共振试验也发现，人们合作时大脑发出的信息是愉悦的。而在与他人竞争时，大脑发出的信息则相反。在有选择的前提下，即使是男孩，也应该让他们更多地选择合作性的游戏或活动，而不是竞争性的。

周林是学校足球队的主力，平时，他很看不起自己队里的守门员李庄。李庄家里穷，穿着很朴素，成绩也不怎么好。

有一次放学，周林和妈妈谈起李庄的一些所谓“不良”行为，妈妈听后不觉得皱起眉头，对他说：“每个人都有长处和短处，你自己也如此，如果你一味拿自己的长处与别人的短处比，你要怎么和别人相处呢？虽然你是足球队的主力，可是如果没有李庄坚固的防守，你们球队又怎么能取胜呢？”

周林听后很惭愧，从此开始主动与李庄交往。在后来的比赛中，他们配合越来越默契，两人的友谊也日益深厚了。

当男孩有机会与他人合作完成共同的目标时，每个男孩都很清楚地知道他们在为实现共同的目标而贡献自己的一份力量，每个角色对于结果成败都是举足轻重的，因此男孩在扮演自己的角色时都会全力以赴，争取为集体贡献力量。

另外在活动中，男孩们学会了容忍和接受不同的意见，接纳与其他男孩的不同之处，学会了尊重他人。

竞争性的活动容易导致自卑或者骄傲的心理，取得胜利的男孩会过分关注自己的优势，因忽略自己的劣势而骄傲，而落后的男孩则会过分关注自己的不足而自卑。

而在合作性的活动中，却很少会出现这样的后果。成功有人与之分享，男孩不会过分骄傲；失败有人与之分担，男孩不会轻视自己。

汉朝开国皇帝刘邦曾说：“夫运筹帷幄之中，决胜于千里之外，吾不如子房；镇国家，抚百姓，给饷馈，不绝粮道，吾不如萧何；连百万之众，战必胜，攻必取，吾不如韩信。三者皆人杰，吾能用之，此吾所以取天下者。”

一个成功的人背后总是有千万双手在帮助和支援他，让男孩学会合作，是他日后取得成功的关键因素。

合作是现代人的一项基本素质与品格，一个人不懂得合作，必将在社会的竞争中被淘汰，因而从小培养男孩的合作能力显得尤为重要。

◎ 使男孩认识合作的重要性

在我们的日常生活中，有许多事情都需要两个或者两个以上的人合作才能完成，仅靠一人的力量难以做到，如各种球类比赛。妈妈可以利用这种机会教育男孩合作的重要性。

一个球队里某个队员再优秀，不可能独自打赢一场比赛，他需要其他队友的支持和帮助。例如在足球比赛中，如果每个队员不互相合作，一心只想着自己进球，不顾自己的角色和任务，那么球队又如何能取得胜利呢？

因此，妈妈可以在男孩练习球类比赛或者陪同男孩观看球类比赛时适时地给男孩讲述合作的意义，让他们从小意识到合作的重要性。

◎ 让男孩在游戏中学会合作

日本人非常重视培养男孩的合作精神，因此在日本的体育项目中，很少有单人项目，几乎都是集体项目。日本的妈妈和教育工作者希望通过这种方式来教育男孩学会合作，激发他们的合作精神。

现在不少游戏都是集体进行的，许多男孩被分成几组，按照规则，同组之间进行分工协作，共同为实现最终的目标而努力。

在这些游戏中，男孩们能充分体会到合作的乐趣，并将他们在游戏中学到的合作意识迁移到以后的学习和生活中，从此良好的合作意识就开始在他们小小的脑袋里萌芽了。

参加集体游戏不仅会让男孩学会尊重和接纳他人，而且会让他们学会如何与人合作、怎么合作才能保证团队的成功，因此意义重大。

◎ 让男孩学会与人分享

著名作家萧伯纳曾说："你有一个苹果，我有一个苹果，彼此交换，每个人只有一个苹果。你有一种思想，我有一种思想，彼此交换，每个人就有了两种思想。"

妈妈应该教会男孩与人分享，分享快乐，也分担忧愁。分享快乐，一份快乐将变成两份快乐；分担忧愁，一份忧愁将变成半份忧愁。

只有懂得如何与人分享快乐、分担忧愁，男孩才能在合作中体会乐趣，才能激发他们的合作意识，从而培养出良好的合作能力。

◎ 让男孩体会合作的乐趣

成功的合作可以让男孩产生愉快的情绪体验，而这些体验又会给男孩的学习和生活带来乐趣，从而激发男孩的合作意识，促进男孩合作行为的产生。在生活中，妈妈可以为男孩设置一些合作的竞赛或者游戏，让男孩通过合作去完成任务。

如果男孩任务没有完成也不要责备他们，最重要的是要让男孩明白，成功的合作并不一定要达到现实的目标。只要在合作过程中大家都积极行动，履行自己的职责，每个参与游戏的成员都会感到愉快，这样的合作就是成功的。

◎ 教男孩正确合作与竞争

社会上，合作与竞争是并存的。竞争具有一种神奇的魔力，可以调动男孩的积极性，激发男孩的求知欲和上进心。竞争无处不在，但是过分的竞争将产生不可想象的后果，不利于男孩的成长成才。

作为妈妈，应该告诉男孩，在社会上竞争与合作是并行的，即使在竞争过程中，也应该与人合作，尊重他人。而在合作过程中，男孩也应该积极行动，履行自己的职责，而不应坐享集体的成果。

你不理财，财不理你，让男孩树立正确的理财观

“你不理财，财不理你。”理财是对财富进行科学、有计划的管理和安排，是男孩的生存能力的重要组成部分。理财观念直接决定着男孩理财能力的高低，对男孩将来的生活起着举足轻重的作用。

对于成长在经济社会中的男孩来说，从小就和金钱打交道，财富是他们人生中必须面对的课题。所以，培养男孩正确的理财观念是必要的，也是重要的。

赵威在商场看见一个价格不菲的汽车模型，要妈妈给他买。虽然妈妈有足够的钱给他买下来，但她觉得这是锻炼赵威理财能力的好机会，于是对他说：“这个模型很漂亮，不如你自己攒钱来买吧。”

回家后，妈妈就拿出一张纸，列了个简单的购买计划，她将那个漂亮的模型画在上面，旁边标上价格 150 元。然后拿出自己的 5 元钱放进新买的存钱罐里，在纸上记下数额；还让赵威拿出自己的零花钱也放在里面。

以后，赵威有了多余的零花钱就放进存钱罐，攒够了150元钱的时候，赵威开心地叫妈妈去给自己买模型。

妈妈又趁机教育他："这些钱是妈妈和你辛辛苦苦攒的，很不容易，所以你要好好珍惜模型，知道吗？"赵威记下了妈妈的话。

美国妈妈希望男孩早早地就懂得金钱的关系，把理财教育称为"从3岁开始实现的幸福人生计划"，让男孩学会赚钱、花钱和存钱。

她们鼓励男孩从小就工作挣钱，并且教导男孩通过正当手段赚取收入。男孩的理财意识和管理金钱的能力就逐步培养起来了。中国妈妈也应该学习美国妈妈的教子方法。

学会理财，不仅是要让男孩学会如何用钱，教育男孩掌握正确的理财方法、形成科学的理财理念，同时，还包含了许多品德教育，比如懂得妈妈的辛苦、爱劳动；理财教育还能提高男孩辨别和分析问题的能力，培养男孩的独立自主能力。

想要男孩步入社会之后具备正确的理财观念，做妈妈的千万不能掉以轻心，只要能把握合适的时机进行教育，男孩在生活中就会懂得很好地规划收支并且付诸行动。因此，在男孩小时候，培养他们的理财观念就显得格外重要。

◎ 重视对男孩的言传身教

要使正确的理财观念深入男孩心中，妈妈必须依靠实际行动去影响他们。妈妈在生活中所表现出来的言行和价值取向，直接、深刻地影响着男孩。

男孩的模仿能力强，妈妈的言谈举止、行为方式都对男孩起着举足轻重的作用。因此，妈妈要加强自身修养，提高自身理财观念和道德修养，给男孩提供一个健康的成长环境。

同时，很多妈妈总是用物质上的给予来表达对男孩的关心，将金钱和好吃好玩的东西变成了感情的替代物。男孩需要金钱，更需要妈妈精神上的关爱。这样在给男孩爱的教育的同时，还会锻炼男孩的理财能力。

◎ 根据年龄进行理财训练

在许多发达国家，妈妈不但普遍重视对男孩的理财教育，而且这种教育从男孩很小的时候就开始了。

妈妈应该按照男孩的年龄阶段，由浅入深，逐步引导男孩的理财能力从低向高提升。培养男孩的理财观念，越早学会理财，对男孩未来的益处就越明显。

对于6岁之前的男孩，妈妈要教给男孩简单的金钱概念、意义；对于7～12岁的男孩，他们已经对生活有了理性思考，妈妈要给他们适量的零花钱，还可以为男孩办张银行卡，教给他们使用的方法；对于13岁以上的男孩，妈妈就可以教男孩进行适当的投资，让他们对股票和基金有深入的了解。

男孩的每个成长阶段都很重要。妈妈不可操之过急，培养男孩的理财观念还得按照具体实情一步步来，日久才能见到效果。

◎ 让男孩明白理财的意义

理财教育对处在知识积累和观念培养关键时期的男孩来说，意义绝不是仅仅让男孩学会花钱、存钱、挣钱，其中还包含了多方面的教育和多种能力的培养。

王咖今年读三年级，从上幼儿园以来就有自己的一个“小账本”，上面记录着他每天的花销，包括妈妈给了多少钱，自己花了多少钱，买什么东西了，都记得清清楚楚。

通过这种形式，王咖不仅学会了量入为出，还学会了合理安排自己的购买欲望。有时候自己很喜欢两样东西，但是钱不够，他就选择一种对自己更为有用的。

通过理财教育，男孩可以理解金钱和妈妈工作的关系，产生孝敬妈妈的情感和行为动力；懂得只有付出劳动才会有收获；懂得勤奋、守信是经济生活中取得成功不可或缺的品格；男孩也会从支配零花钱做起，在购物消费的时候做出正确判断，这是锻炼男孩自立能力的机会。

理财教育其实是男孩对自己人生的规划，是对自己这一生想成为什么样的人的整体规划。这是超出了理财教育本身的更深远的意义。

◎ 在生活中培养男孩的理财观念

一个男孩拿1 000元钱去买某种饮料，就因为饮料瓶盖上有自己喜欢的明星见面会的门票。妈妈对此很生气。其实，妈妈也是有责任的，妈妈没有告诉男孩1 000元钱能做多少事。

妈妈可以在生活中先让男孩知道100元钱能做什么：妈妈可以买一件打折的衣服，可以买50斤左右的大米，可以买三本书，一家三口可以去小饭馆吃一顿饭，等等。

男孩知道了100元钱的用处，学会合理使用每一个100元，才会使用1 000元，甚至更多的金钱，也就会对自己的行为进行反思，从而受到更好的教育。

◎ 要教男孩将观念转化为理财能力

观念落实在行动上才会发挥作用。实践才能出真知，理财也是如此。理财能力需要妈妈后天培养。只有让男孩在生活中积累了丰富的经验，才能具有很强的理财能力。

从男孩理财观念的产生到理财计划的确定，妈妈不仅要在方法理论上加以引导，更要在实践中加以体验。妈妈给男孩一定的零花钱，让男孩学会合理花钱，男孩花不了的零花钱可以存起来，这都是理财能力。

制订开支计划，让男孩握住自己的钱

现在的男孩不会制订开支计划，不懂得如何管理自己的零花钱。有些男孩总是向妈妈抱怨："我没有乱花钱，可钱就这么没了，我也不知道去哪里了。"当妈妈再问起他买了些什么，从男孩嘴里回答出来的却都是正规的用途，例如说买书、公交车费、饭费等。

这时男孩不一定在说谎。但是如果这样，钱去哪里了呢？

没有计划地花钱就像坐在电视机前吃零食，乐在其中而毫无意识的观众永远不知道自己到底吃下了多少东西，甚至他根本不认为自己吃了很多。当有一天发现肚皮大起来的时候才想起来问："我没吃多少啊，怎么变得这么胖呢？"

李明安是个六年级的男孩子，他学习成绩非常好，但是从小花钱就没计划。通常，妈妈会在月初把当月的零花钱交给李明安，但是每个月刚到中旬，李明安就开始向妈妈哭"穷"了。

妈妈很生气，但也很无奈，如果不给李明安钱，他就会向爷爷奶奶要，花钱就更没有节制。所以每个月，李明安的零花钱总是一涨再涨。

李明安的家庭条件比较富裕，妈妈也不在乎这些钱，但是看到儿子对于开支一点计划也没有，心里非常着急。

妈妈曾尝试让李明安制订开支计划，但由于工作繁忙，没有时间监督他，导致李明安常常偷懒，计划也无疾而终。

理财必须从有计划地花钱开始。有计划地花钱建立在男孩学会合理制订开支计划的基础之上。

男孩不会制订开支计划的原因有很多：一是他们没有制订计划的想法，这跟他们平时做事的习惯有关，也许平时男孩安排自己的生活时就非常散漫，想到什么就做什么；二是妈妈忽略了对他们制订开支计划的指引，培养男孩制订开支计划的同时也能培养男孩做事有计划的好习惯，而妈妈通常忽略这方面的指引。

教育男孩省钱，应该从制订开支计划开始，让男孩在花钱时心中有个数，这钱该不该花，现在花了得为此付出什么代价。当男孩有这层考虑时，自然就能学会节制自己花钱的欲望了。

另外，妈妈不能纵容男孩乱花钱、中途要求追加零花钱的行为，这种纵容不利于他们学会制订开支计划。

少年时期的一份开支计划，在一定程度上反映着男孩以后的人生计划。表面上看起来事情很小，但是对男孩的行为影响很大。

教育男孩制订开支计划是一项长期的工作，因为男孩一般都是缺乏计划性的。妈妈可以从以下几个方面着手培养男孩的这个好习惯。

◎ 零花钱每周给一次

妈妈要缩短给零花钱的间隔时间，改为一周或更短时间给一次零花钱，节制男孩的花钱欲望。即使男孩不会或者不愿意制订开支计划，这样也能节制他们的花钱欲望。

当男孩在很短的时间内就缺少钱时，他自然会向妈妈询问花钱的技巧，在这个情况下，妈妈就可以适时地教给他们制订开支计划的方法了。

◎ 让男孩记录并总结开销

男孩还不会制订开支计划时，妈妈可以先要求他们记账，指导他们将每一笔开销认真记在他们的小账本上，每周或每月进行总结。

执行一段时间后，男孩心里对自己的开销以及钱财的来源就会有个大致了解，也会知道自己哪些钱不该花。在这个基础上，再来要求男孩制订开支计划就不会让他们感到一头雾水了，因为他们已经知道自己钱来自哪里，每天都要支出哪些项目。

记账毕竟比制订计划要容易，利用记账让男孩对自己的开销状况有个大致的了解，再来制订计划会变得比较容易些。

◎ 让男孩学会做预算

妈妈可以让男孩先列出每周从各种途径得来的钱。告诉男孩不要计算那些还不确定会不会有的钱，而只是计算正常情况都会有的可靠收入，例如零花钱和“打工”赚取的钱。

同时，妈妈还要让男孩在开支计划中列出每周必须花的钱。

妈妈要告诉男孩，有些钱可以省，有些钱却是不可以省的，例如交通、吃饭这些钱都应该归入必需的开销中。

妈妈还要告诫男孩，这些开销所需花费的钱一定不能轻易花，要从一周的收入中扣除这部分钱或者把这部分钱另外放在一个地方，以保障正常的生活。

◎ 让男孩列出想买的东西

制订计划时，妈妈可以让男孩列出那些想要但还没有动手买或者需要赚到足够的钱才能买的东西。

这实际上是在指导男孩制订计划时考虑到变化，把想要买的东西列上，当男孩某周的收入突然增加时，可以避免乱花，而是存起来买自己需要的东西。

指导男孩制订一份简单的开支计划，既可以培养男孩的理财能力，也可以培养男孩做事有计划、事先认真准备的良好习惯，有利于男孩的成长与成才。

有节制地消费，让男孩学会量入为出

合理消费是理财中重要的一部分。适度消费、提倡节俭，不仅彰显了男孩的个人品德，更是珍爱社会资源的表现。

合理消费才能量入为出，将钱花得最值得、花得最精、花得最巧，最终就能积累到大量财富。男孩要学会理财，就一定要学会合理消费。

当今消费市场变化迅速，市场上的商品琳琅满目，人们的消费水平也在逐步提高。不懂得合理消费，往往会花大钱办小事，使财务收支严重失衡、入不敷出。男孩生活在一个商品消费时代，不懂得合理消费，就会经常在消费中迷失，变成购物狂。

合理消费就是将每一分钱花在最需要的地方，钱要花得最值。如果能让每一分钱发挥出最大的效益，那么这一分钱就被合理消费了。钱要花得精，用最低的价钱买下最好的东西，这也是一种合理消费。

周末到了，妈妈有一位同事结婚，她决定带上儿子林凡。母子俩一同开车到了酒店门口，由于来晚了，一时找不到车位。林凡看到贵宾车位还空着，就说：“妈妈，贵宾车位不是有空吗？就贵十几块钱，停在那里算了。”

妈妈看了儿子一眼，说：“林凡，这可不是一个好主意，这个价钱太贵了。从消费的角度来看是超值消费，不划算。”

林凡不以为然地说：“不就是多十几块钱嘛，要不我来付。”妈妈坚持说：“不是谁来付钱的问题，这是一种消费理念。儿子，你还要多练练怎么理财啊。”

林凡心想：妈妈怎么总是这么小气？又不缺这十几块钱。妈妈看了一眼林凡，心想：儿子对消费还不太懂，还有很长的一段理财路要走。

合理消费并不是提倡压低生活品质，用劣质、低廉的用品而省下金钱，这种观念是对合理消费的误解。消费的目的是提升生活品质，合理消费提倡花小钱办大事，不要超值消费，把钱花在最需要的地方。

现代社会是商品社会，处处都要消费，更需要人们理性消费。男孩刚接触钱，只知道用钱能买东西，也习惯把妈妈当成“提款机”，缺乏理性消费的观念。对此，妈妈要给予及时、有效的引导和教育。

妈妈给钱的无度，会导致男孩花钱的无度。可以说，男孩学会大手大脚，学会铺张浪费，主要责任在于妈妈。常言说：“从来纨绔少伟男。”如今在物质极大发展的社会中，许多男孩家境一般，却也成了攀比消费、冲动消费的主角。

理财教育，对于溺爱中长大的一代人是迫在眉睫的事。日常生活中，妈妈需要以身作则。如果妈妈在消费中喜欢攀比，常常冲动消费，就会直接影响男孩的消费习惯。这样男孩在选用物品时，也会挑三拣四，追求高档和名牌。

消费是理财教育中不可或缺的一块。理性消费，不仅是妈妈要教给男孩的，也需要男孩自律。男孩要学会理财，就要学会理性消费。

◎ 给男孩的零用钱要适度

给男孩的钱，一定要有准则。不能太高，也别太低。妈妈可参考其他男孩，平均一下，别让男孩有特殊心理。男孩手中的钱一多，就容易攀比炫富，渐渐地就容易大手大脚，从而远离理性消费。

有一段时间，妈妈出于对李钊的疼爱，每周多给他10元零花钱。李钊手里的钱多了，朋友们都很羡慕，常常让他请客。李钊不好推辞，就在大家的吹捧中，变得大手大脚起来。

李钊习惯这样后，就觉得钱不够用了，便向妈妈要求再增加10元。妈妈没在意，又大方应允了。妈妈没想到，此后李钊的要求越来越高，终于有一天，妈妈惊觉李钊花钱太浪费了。此时，李钊已经习惯了超额消费。

金钱是一把双刃剑。男孩的钱多由妈妈提供。若妈妈给钱无度，男孩会认定自己的消费并不多，容易造成男孩的挥霍无度，加速男孩的坏习性。

男孩还太小，不明白钱是会花完的，所以，妈妈给男孩的零用钱要适度，以利培养男孩的合理消费。

◎ 让男孩学会量入为出

男孩要学会量入为出地消费，妈妈可以从管理零花钱着手。每个月给男孩的零花钱要定时定量，然后教男孩做收支账，将每一笔消费清晰入账。

同时，还要经常查账，将资金流向、消费门类烂熟于心，细细分析每一项消费的合理性、必需性，剔除盲目、浪费的消费种类。

◎ 提倡勤俭节约，反对铺张浪费

男孩要管理好金钱，学会消费，就应杜绝铺张浪费的习性，养成勤俭节约的品德。一个天性节俭、勤劳的男孩，在消费过程中能自我约束，选自己最需要的，不为物欲所诱惑。

男孩对金钱、对消费的态度，与男孩的品德、个性也密切相关。妈妈从小别纵容男孩铺张浪费的习性，男孩在物欲上无节制，有求必应，当然很难学会珍惜金钱，合理消费。

◎ 让男孩学会花小钱办大事

消费过程中，男孩要学会“货比三家”，尽量花小钱办大事。消费种类的增多，让男孩有了更多选择的空间，许多同质同量的商品，价格会差很多。

王问的文具盒坏了，妈妈给了他 10 元钱，让他自己去买一个。临出门前，妈妈说：“你要慢慢选，多看几家，和老板砍价。”

王问现在很会买东西了，他会比较质量，会砍价钱，每次都能用合理的价格买到想要的物品。妈妈也教他一些购物技巧，帮他花小钱办大事。

买东西也是一门技巧。会买的人能花更少的钱，买到更好的东西，无形中就节约了一大笔钱。生活必需品的购买各有讲究，妈妈的经验多，要多传授给男孩。

◎ 提升男孩的消费品质

合理消费不是一味压低消费，生活水平的提升，体现在消费品质的提升。男孩要学会绿色消费，它包括生命、环保、节能三方面。男孩在消费时选择绿色产品，不仅对自己有利，还对环境、对社会有利，这会提升男孩的消费品质。

男孩的绿色消费包括三方面：消费无污染的物品，消费过程中不要污染环境，不消费并自觉抵制大量浪费资源、破坏环境的商品。

钱越积越多，会储蓄的男孩更能驾驭金钱

储蓄，是把暂时不需要的钱收藏起来，以备日后需要时拿出来急用。储蓄不仅是理财的前提，也是一种理财的方式，能够让男孩知道钱财来之不易，养成勤俭节约的良好习惯，为男孩将来的成功打下一定的基础。

教男孩学着储蓄，不但能够让男孩学会节俭、避免浪费，还可以使男孩体验到积少成多的道理，促进男孩养成节俭的习惯，提高理财能力。

虽然储蓄有诸多好处，但是男孩毕竟小，自从知道钱财能换取东西，手中有了钱就控制不住，直到把它花个精光。

很多男孩因为最初不知道储蓄的意义，有了钱就想买东西，有一分钱花一分，经不住诱惑、不知道节省、不懂储蓄，这是男孩的天性，妈妈不能因此怪罪男孩。

男孩不知道“防患于未然”的道理，也没有心思去想着积少成多。即便听妈妈的话想把剩余的钱储蓄起来，也因为经不住外界的诱惑，容易受广告的误导，常常不由自主地把钱花了出去。

王高专6岁时，妈妈送给了他一个储蓄罐。妈妈对他说："以后，你有了多余的钱就放在这里。"王高专问妈妈："我存了钱要干什么呢？"妈妈说："用处很多啊，存钱罐里的钱是你的，想买什么都行。"

王高专笑了，原来自己也能想买什么就买什么。一有钱，王高专就塞进储蓄罐里。有时候，他想买东西了，就拿自己的钱买，比如妈妈不给买的棒棒糖。

一段时间后，王高专发现储蓄罐里没钱了，他开始着急了。为了买更想要的东西，他开始节俭了。

妈妈要想说服男孩储蓄，并且让男孩心甘情愿地去储蓄，并不是一件容易的事情。当然，只要妈妈善加引导，男孩就会有所转变，从而避免养成铺张浪费、花钱大手大脚的坏习惯。

妈妈教男孩学着储蓄，需要一定的方法与策略，既要在开始的时候激起男孩对储蓄的浓厚兴趣，又要使男孩自主自愿地把储蓄的行为持之以恒地坚持下去，直到养成习惯为止。

这样男孩才算得上学会了储蓄，为今后更好的理财打下基础，也为将来的高生活质量埋下伏笔。

任何一件事情，若想引导别人去做，就需要告诉别人这样做的好处，让男孩学着储蓄也不例外。首先妈妈要让男孩知道储蓄的诸多好处，其次要提高男孩对储蓄的兴趣，再次还要让男孩亲身体验到储蓄带给自己的利益。

从让男孩知道储蓄的好处开始，到让男孩受益结束，形成一个良性的循环，能够增加男孩的积极性，从而帮助男孩自觉地养成储蓄的好习惯。

◎ 给男孩讲明储蓄的各种好处

妈妈给男孩讲明储蓄钱财的好处，激发起男孩向往的心理，男孩才有兴趣去储蓄。

钱文平时花钱没有节制，有一次随妈妈一起到银行，看见妈妈用卡就能在机子上取钱，心里既好奇又羡慕。

妈妈看出了儿子的心思，告诉他只要节省一些零花钱，把它存入银行后，就可以办一张属于自己的卡，而且可以随时支取卡中的钱财。

钱文听后对此十分向往，从此他节省着花钱，憧憬有朝一日自己也能拥有一张银行卡。

把花不完的零花钱放进家里的储蓄罐里，既能够避免男孩乱花钱，又可以积少成多。把压岁钱存入银行里，不但有以上的好处，而且能够使男孩体验到拥有银行户头的成就感，并且能够享受到钱生钱的好处。把这些好处给男孩讲明，有利于男孩节省零花钱。

◎ 挑选三个男孩喜欢的储蓄罐

妈妈随男孩一起去市场，挑选三个男孩喜欢的储蓄罐，然后与男孩讨论并安排应该如何存放钱，并且标明每个存钱罐中钱的用途。最好安排一个储蓄罐里的钱定期存到银行，一个积攒下来用于买贵重物品，另外一个储蓄罐里的钱用于日常开销。

因为是男孩喜欢的储蓄罐，男孩就会很高兴地把钱往里存，这样男孩储蓄的习惯就可以慢慢养成了。

◎ 指导男孩学会合理储蓄

男孩钱财的来源，一般都是妈妈平时所给的零花钱，也有一部分是过年或者过生日时的收入，再加上平时替妈妈做一些家务所获得的报酬，这些加在一起就是一个不小的数目。

妈妈教男孩平时在花销方面学着节省，尽量不要浪费一角一分，每一个硬币都要放入储蓄罐中。妈妈要教男孩把大面值的钱币用于买贵重物品，并与男孩一起确定一个时间段的储蓄目标。

◎ 达到了储蓄目标给男孩奖励

男孩一旦达到了预定的储蓄目标，妈妈不管用什么方式，一定要给予男孩奖励，这样能够促进男孩储蓄的积极性。

周振东听从妈妈的吩咐学着储蓄，并且在半年的时间就达到了储蓄的目标——500 元钱。妈妈为了增加孩子的动力，奖励周振东一个滑雪板。

周振东得到渴望已久的滑雪板，十分高兴，并且暗自下决心，以后还要节省着花钱，把储蓄的行为一直坚持下去，争取得到更多的奖励。

在男孩达到了目标后，妈妈给予一些奖励能够增加男孩的动力，从而帮助男孩把储蓄的好习惯继续下去。

◎ 让男孩体验储蓄带来的利益

妈妈最初给男孩讲的那些储蓄的好处，在男孩按时储蓄后，就会获得积极的体验。比如想买一件贵重的物品，钱财存到一定的数目后就能买了；或者储蓄罐里的钱达到了一定数目，到银行办一张属于男孩的银行卡，这样男孩就会十分自豪。

男孩享受到储蓄给自己带来的利益，储蓄的行为就能够一直坚持，从而帮助男孩形成储蓄的良好习惯。

培养节俭观念，不让男孩胡乱挥霍钱财

节约是一种美德，无论生活条件如何，具有节约意识和行为的人，就会像珍珠一样散发纯净柔和的迷人光芒，照亮自己的一生。

有这样一句话："一粥一饭，当思来之不易。半丝半缕，恒念物力维艰。"很少有男孩能深刻明白它的含义。男孩生活在大城市中，看不到劳动的辛苦，不知道物质得来不易，因此也不知道节约，总是很随意地浪费掉很多东西。

地球上的物质资源是有限的，浪费掉就再也没有了。目前来看，很多地方都出现了资源缺乏的现象，如果人们再不知道节约，无端浪费，不仅会让我们这一代接受惩罚，还会给我们下一代的生活带来更多麻烦。

现代很多家庭只有一个孩子，随着生活水平的提高，妈妈对男孩给予更多的关爱，总是尽量满足男孩的物质要求，对男孩零花钱没有限制，要多少给多少。

这样表面看来是疼爱男孩，实则是在坑害男孩。因为男孩手中一旦

掌握足够多的钱，妈妈又没有教如何合理消费，男孩就会想买什么就买什么，买后不喜欢再买新的，同时吃穿方面也会跟着奢侈起来，这样时间一长，男孩在不知不觉中就会养成铺张浪费的坏习惯。

“由俭入奢易，由奢入俭难。”男孩一旦养成了奢侈的坏习惯，再想让男孩去过俭朴的生活，就会很难。

“成由节俭败由奢。”男孩如果一直如此铺张浪费下去，不管父母有多少钱，都能挥霍一空，以后男孩自己也很难积累起财富，注定会以失败告终。

田隆有个坏习惯，自己不再喜欢的东西，就会尽快扔掉，如有些玩具好好的，他就扔了；衣服还很新，就再也不穿了；一碗饭吃了一半，就跑去吃零食。妈妈对他这种浪费行为很烦恼。

为了让田隆能懂得节约，不再浪费，妈妈决定让他有羞愧心理。

一天吃饭的时候，田隆夹了一块鸡肉掉在桌子上了，妈妈夹起来自己吃掉。田隆很不解地说：“盘子里还有，掉了你还吃干吗？”

妈妈说：“这可是我们用血汗钱买来的，怎么能随便浪费呢？”田隆不说话了，低着头把饭吃得干干净净，以后也不再挑剔和浪费了。

男孩一旦养成大手大脚铺张浪费的习惯，就不会珍视妈妈的劳动成果，不能明白社会资源和自然资源的重要性，男孩的行为就显得缺乏修养，形成不了健全的道德品行。

因此，妈妈不管家里经济条件如何好，在花钱方面都要对男孩进行限制，零花钱计算着给，并且教会男孩合理消费，学会储蓄。

同时，妈妈自身的吃、穿、用消费方面，都不能随便浪费，更不能铺张、讲排场，妈妈一旦给男孩做出一个勤俭节约的好榜样，男孩的行为就会潜移默化地受到影响，铺张浪费的行为也就可以避免。

无论家庭条件如何优越，妈妈都要培养男孩的节约意识，不能因为宠爱而让男孩变得没有修养、没有道德。节约不仅仅是对物质的节省，还是对男孩高尚精神的塑造。

◎ 给男孩创造节约的家庭环境

妈妈要培养男孩节约的意识，不让男孩铺张浪费，首先要从自身做起。上梁不正下梁歪，如果妈妈根本做不到，就没有资格要求男孩做到。男孩在看到妈妈都不懂得节约的情况下，自己也不知道从何处节约，节约也无从学起。

妈妈要以身作则，尽量节俭，不浪费、不攀比，不追慕华美的衣食。男孩只有看到一个很节约的妈妈，才会按照妈妈的行为去做，养成节约的习惯。

◎ 让男孩了解贫困地区的生活

在有条件的情况下，妈妈可以让男孩看看生活贫困地区和资源缺乏地区人们的生活，让男孩切身感受到物质资源的重要性，在生活中，当要浪费物质的时候，就能自然想到其他人生活的不容易，从而产生节约的意识。

朱辉在暑假跟妈妈去山西旅游，住宿在一个亲戚家里。山西到处都是黄土地，由于海拔过高，取水很困难，每天定量供应一点饮用水。亲戚们都很节约，总是先洗脸，再用洗脸水洗脚，最后还舍不得倒掉，第二天用来浇花。

看到亲戚这样用水，朱辉也不敢浪费了。回到家以后，每当打开水龙头用水的时候，他就会想到在山西的情况，就很自觉地节省用水了。

带男孩去体验一下生活，男孩就会对社会、对人生、对物质等都有一层更深刻的认识，就知道自己该怎么样生活。只是口头的说教，男孩的认识永远没有亲身体验来得深刻。

◎ 批评男孩的浪费行为

对男孩铺张浪费的行为，妈妈该批评的时候就要批评，不能什么事都由着男孩的性子来，男孩做错了事，就应该接受批评。

严格的教育会让男孩认识到他的行为是错误的，是妈妈反对的。当他再想浪费的时候，就会有所顾虑。

说教有时候不能起到作用，就要对男孩进行惩罚教育。比如他今天浪费了一个面包，晚饭的时候，妈妈就只给他半碗饭，让他接受教训，下不为例。

◎ 让男孩体会挣钱的不易

最好的教育就是体验教育，让男孩体验到挣钱的艰辛，男孩就会知道如何花钱，怎么节约用钱，不再浪费金钱换来的东西。妈妈可以通过家务劳动，或者在外面给男孩找个他能做的事情，给他一定的报酬，男孩就会体验到金钱是怎么来的了。

王亮对待同学朋友都很大方，妈妈给的零花钱，他总是拿来请同学吃饭或者吃零食，从来不知道节约。

妈妈为了让王亮有节约意识，减少了零花钱的提供，同时给他制造了赚钱的机会，家务劳动分类定价，让王亮自己挣钱。

王亮辛辛苦苦干了一周，得到了平时只够请三个同学吃顿饭的钱。他拿着自己的辛苦费，再也不舍得请同学吃那么好的东西了。

让男孩去挣钱，男孩就会知道挣钱的不容易，就能理解妈妈对他提出的节约要求。看到花花绿绿的东西，虽然会心动，但是摸着手里自己辛苦挣来的钱，就会舍不得掏出来。

鼓励男孩大胆与人交往，克服内心的恐惧

一个胆小怕事的人，希望自己不被伤害，把自己封闭在一个狭小的空间里，不敢走出家门，步入社会。这样他也就断绝了与世界的联系，丧失了宝贵的人际资源，注定成不了大事。

走出去，男孩才能发现外面其实很精彩，一个人来到世上一回，如果为了一时的安逸，不敢出去经受一下洗礼，见识更多的人和事，也就白来世上一回。

要想在这个世界上很好地生存，必须有胆量，男孩要具有勇敢坚强的性格，胆小怕事永远成不了事。

纵观古今能够建功立业成就一番伟业的人，无一不是勇敢的，无一不是能聚众、能汇贤的。勇敢的开始就是有勇气走出家门，离开妈妈的保护，独立面对外面的世界。

走出家门不是说离家出走的意思，而是说要克服社交的恐惧，能够到外面去结交不同的人，扩大自己的社交面。这也是为自己顺利办事积累

资源，也是扩展自己能力的一个方面，没有什么比结交良师益友更让人有所收获了。

好的老师能够给自己人生以指导，让自己在人生的道路上少出错、少摔跤、少走弯路。好的朋友，能在男孩危难的时候伸手相助，能为男孩出谋划策，能让男孩倾心相诉、排解苦闷，能给男孩安慰。

这些都是用金钱用物质无法换取的，只有走出去，用慧眼去发现，用真心去交往，用真情来感动，男孩才能拥有这笔财富。

在男孩小的时候，妈妈就应该让他们知道朋友的重要意义，让他们勇敢地走出家门，不要怕摔跤，不要畏惧和陌生人交往，要勇敢地去结交朋友，扩大自己的交际圈。

◎ 让男孩不要惧怕陌生人

生活中很多男孩害怕陌生人，不敢和陌生人说话、单独相处。这可能与妈妈的过分保护是分不开的，妈妈生怕男孩受到伤害，阻止男孩搭理陌生人，把陌生人当成危险的象征。

这其实是一种因噎废食、画地为牢的行为，很不利于男孩对外部世界的正确认识，也不利于培养男孩和外界的沟通交往能力。

妈妈要鼓励男孩和陌生人说话，比如家里来了客人，妈妈要让男孩主动问好，倒水、拿水果。不要让男孩总是躲在妈妈的身后，害羞可不是男孩应有的表现。

妈妈要经常把男孩带到外面，让男孩学会在陌生的圈子里感到自在，并且能主动和人说话。

◎ 锻炼男孩独立做事的能力

妈妈要学会放手，当男孩大到可以独立做事的时候，妈妈就不要总是担心他做不好，不敢把一些事情教给他独立去做，特别是需要和陌生人接洽的事。

妈妈甚至可以创造条件，让男孩独立地去做事，锻炼男孩独立处理问题以及和陌生人接触的能力。

王韵有一个在外地的表叔来北京办点事，要住在他们家两天，周日下午到。王韵的妈妈那天正好有事，没法去接他。

可是表叔又是第一次来，不知道他们家住的地方，所以必须有人去接。于是妈妈就把这个光荣的任务交给了王韵，并且还要他陪表叔一下午。

王韵有点为难了，自己也没见过这个表叔，怎么接他？妈妈只给王韵一个电话，王韵怀着犹豫去了火车站。

王韵通过电话和表叔联系，说明特征，在指定的地点找到表叔，然后把表叔接回家。谈话中，王韵了解到表叔喜欢下象棋，便陪表叔下了一下午象棋。等妈妈回到家，表叔直夸王韵聪明懂事。

让男孩独立办事可以培养他的勇气，锻炼他待人接物的能力。

◎ 让男孩多参加集体活动

妈妈要鼓励男孩多参加集体性活动，不要只知道待在自己的房间里或教室里。要勇于参加学校组织的集体活动或者同学自己组织的聚会等，让男孩敢于走进集体，在集体中学会和人交往。

王林松班上的同学自发组织了一个英语角，利用课余时间大家来练练英语口语，可是王林松感觉很不好意思去主动找人用英语会话。每次内心很想参加，却有碍于面子，不敢走进去。

妈妈知道他们学校有这个活动，就鼓励王林松去积极参加："不要怕人家笑话你说得不好，要勇敢地去找人说话，这样不仅能提高自己的英语口语水平，还能结识很多朋友，大家可以相互鼓励，共同进步。"

听了妈妈的话，王林松终于战胜了自我的胆怯，走入这个群体，不但英语水平提高了，还结识了几个好朋友。

让男孩摆脱自我划定的界限，勇敢走出去，积极参加一些集体活动，多多和人接触，这样男孩才能克服社交恐惧的心理。

◎ 培养男孩坚强的个性品质

让男孩有勇气跨出家门，能够克服社交的恐惧，培养男孩坚强的个性品格，只有坚强才能使男孩经受住打击和挫折，能够克服恐惧，战胜自己内心的胆怯，去勇敢地面对外面的世界。

妈妈在平时生活中要多鼓励男孩，让他意识到自己是个男子汉，要自信、坚强。摆脱害羞的心理，去勇敢地尝试和人接触、交往，主动去找朋友，而不是等别人来主动找你。

第八章
在说和教男孩的时候，妈妈要注意避免犯错误

总是在男孩面前夸别人，不当比较惹冲突

一遍一遍翻男孩的旧账，只会让男孩更反感

威胁、吓唬，换不来真正听话的男孩

唠叨、抱怨，很容易引发男孩的怨恨

可以提供物质奖励，但是不要太过分

过于看重分数，认为分数胜过男孩的快乐

对男孩期望过高，只会打击他的积极性

包庇男孩的错误，只会让他变得越来越差

总是在男孩面前夸别人，不当比较惹冲突

妈妈经常拿自己的男孩与别的男孩进行比较，并且大多是拿男孩的不足之处比别人的长处，想以此激励自己的男孩向更好的男孩看齐，希望男孩更加优秀、突出，但结果往往会适得其反，与妈妈的期望背道而驰。

这是因为妈妈总忽视自己男孩的进步，否定男孩的努力，这样做不但打击了男孩的自信心，还会使男孩产生自卑的心理，低估自己的能力。

每一位妈妈在拿男孩与别人比较之前，首先要看到男孩的进步，学会赏识男孩；其次要认识到男孩各方面是否优秀，除了男孩是否努力，还存在每人的天赋各有不同，家庭教育的环境也不一样，男孩的思维、智力等各方面的发展不均衡等原因。

赵林的父母对他期望很大，要求也很高。赵林知道父母是为自己着想，所以发奋学习，成绩提高很快。

在初一时，赵林的成绩在班里只是第五名，经过一年的努力，现在初

二了，每次考试基本上在班上不是第一，就是第二。但这样的成绩父母还是不满足。

有一次赵林参加的竞赛结果出来了，赵林总分得了第三名。妈妈不仅没有为儿子取得的成绩高兴，反而在赵林面前夸赞那个考第一名的孩子，说人家聪明、优秀、用功学习，将来一定会有很大的出息，等等。

在妈妈经常随便拿自己与别人进行不科学的比较下，赵林对自己渐渐失去了信心。

妈妈千万不能无视上面的因素，把男孩成绩的不好只归结于男孩没有用功努力，比不上别人就认为是男孩笨，男孩的生活自理能力差就是因为比较懒惰等。即使这样，也与妈妈的教育方式有关，是妈妈教育不得法造成的结果。

一个各方面都优秀的男孩，会因为妈妈不合理的比较，慢慢地失去自信，失去学习的兴趣，最后做出违背妈妈意愿的行为。

妈妈总是希望男孩任何方面都超过别人，这虽然是可以理解的，但却是不切实际的。不管男孩各方面如何，妈妈都不能随便拿男孩去与别人进行不科学的比较，这样做不仅使男孩得不到进步，反而会贻误男孩的前途。

妈妈不要拿男孩随便与别人进行比较，这样不但会引起男孩的反感，还会使男孩没有了兴趣，失去了信心，以至于影响男孩将来的前程。

◎ 别当着男孩的面赞扬别的孩子

妈妈一般都会问男孩的成绩，然后拿男孩的成绩与更优秀的男孩进行比较，当着男孩的面夸奖别的男孩，以此去激励男孩，但这却会引起男孩的反感。

赵华营上初一，人很聪明，自尊心也强。有一天，考试结果出来了，不是很理想。妈妈知道后说道："你这次怎么考得这么差？与第一名相差那么远？你怎么就不如别人呢？"

赵华营本来因为没有考好心里就难受，听妈妈责怪自己、夸赞别人，却批评自己的孩子，他抬头盯着妈妈回敬道："你也是在公司里工作，为什么同别人相差那么多，没有当上经理或者老总呢？"

妈妈哑口无言。

因为每一个男孩内心都需要妈妈的认可，都希望得到妈妈的赞赏，而很多妈妈却忽略了男孩的这一需求，在男孩面前热情夸赞别人，却批评自己的孩子，使男孩感觉到妈妈对自己的否定，会让男孩的自尊心受到伤害，所以不会收到好的效果。

◎ 从长处入手，激励男孩超越短处

男孩的天赋各有不同，妈妈面对男孩先天的不足，切忌拿男孩的不足之处去与别人进行对比，这样会使本已自卑的男孩更加自卑。

安逸是五年级的学生，因为天生脑子反应迟钝，成绩一直都上不去。他感觉成绩不如别人，存在着严重的自卑心理。

安逸虽然脑子转动慢，但是在音乐方面很有天赋，妈妈就让他在学习之余学习唱歌，并鼓励他参加元旦联欢晚会的表演。

因为安逸的歌唱得非常好，班主任选他当文艺委员，有时候还会代替音乐老师教同学们唱歌。就这样，安逸的自卑心理逐渐消失了。

妈妈应该从男孩擅长的方面入手，培养男孩的自信，以此带动男孩在各个方面都努力，这样的激励方式，才会收到良好的效果。

◎ 纵向比较，发现进步及时鼓励

妈妈看不见男孩的进步，还只是一味地夸奖别人，贬低自己的男孩，这样会使男孩形成一个不良的心理，做出破罐子破摔的行为。

蒙费先前是一个十分淘气任性的孩子，而且满口脏话。现在已改好了很多，虽然偶尔还会任性骂人，但蒙费的父母已经看到了他的进步。

刚开始时，妈妈经常在蒙费面前夸别的孩子如何听话，怎样懂事，结果使蒙费失去了改变的动力。

后来，妈妈改变了教育孩子的策略，让蒙费自己与自己进行比较，发现进步就及时表扬，这样蒙费的坏毛病就改掉了许多。

因此，妈妈不要拿男孩与别人进行横向比较，而应该多从男孩自身进行纵向比较，发现男孩的进步，就及时表扬鼓励，这样男孩的行为才会向妈妈所希望的目标靠近。

◎ 多看男孩身上的优点

同一个男孩，妈妈如果只盯着男孩的缺点，把男孩看得一无是处，天天去称赞别人，男孩就会真的一钱不值。

金飞的妈妈以前同别的家长一样，天天看孩子这不顺眼，那也不对劲，经常当着孩子的面称赞别人，要求金飞向别人学习，但金飞一直没有什么改进。

有一次，金飞生病了，由于医生的误诊，说金飞得了重病，这让妈妈意识到孩子在这个世界是独一无二的，别的任何优秀的孩子都不能代替他。

金飞的病好后，妈妈发现金飞身上有很多的优点，不再像以前那样老是只看到他的短处，而是经常表扬金飞的优点和进步。金飞在妈妈的表扬下，也真的变得更加优秀了。

妈妈转变了观念，经常看到男孩身上众多的优点，认为男孩是个宝贝，男孩就真的会像妈妈希望的那样，变成一个全身都是优点的宝贝。

一遍一遍翻男孩旧账，只会让男孩更反感

妈妈在教育男孩的时候，不要不停地给男孩翻旧账。这样，不仅无法起到教育男孩的作用，反而会使男孩感到更加反感。所以，对于妈妈来说，在对男孩进行说教的过程中，要尽可能避免犯这种错误。

妈妈翻旧账的行为并不是一种好的教育方式，而是将男孩的短处和伤疤一次又一次无情地揭开。伤疤的揭开就是内心鲜血的涌动，男孩的心也在一次又一次地流血。所以，妈妈翻旧账的行为无疑是在男孩伤口上撒盐，必然会遭到男孩的反感。

男孩对妈妈产生反感后，也就不会听妈妈的任何说教，甚至对妈妈的其他行为也会反感。这样，长期下去，势必不利于妈妈与男孩的沟通和交流，不利于男孩的成长和进步，从而加深妈妈与男孩之间的裂痕。

刘毅的妈妈就是一个特别爱翻旧账的妈妈，每一次刘毅犯错了，妈妈都会把以前类似的错误揪出来，让刘毅非常难受。

有一次，刘毅在邻居家玩，不小心把邻居家的花盆踢碎了。妈妈知道

后，并不是就这个问题说事，而是开始翻旧账。

妈妈不停地说："你就不能让我省心啊，前几天把胡阿姨家的脸盆摔坏了，今天又把邻居的花盆打碎了，你能干一件好事吗？"

本来，刘毅还准备向妈妈道歉，并告诉妈妈会用自己的零花钱买个新花盆赔给邻居的。看到妈妈又开始翻旧账，刘毅索性不再提了。

妈妈说了半天，看到刘毅毫无反应，更生气了，声音越提越高，最后在邻居的劝说下才算了事。

这个事例就告诉妈妈，在对男孩进行教育时，尤其是纠正错误时，切莫不停地翻旧账，数落男孩的不是。这样，不仅无法起到任何说教的作用，反而会使男孩对自己更加反感，不利于母子之间的交流与沟通。对男孩的成长，也没有任何好的作用和效果。

◎ 注意与男孩说教的方式

在男孩成长的过程中，肯定会犯这样或者那样的错误。所以，妈妈应该注意对男孩的说教方式，不要一味地翻旧账。

林萧的妈妈就十分注意教育方式，每当林萧犯错误时，妈妈都不会跟他翻旧账，而是就事论事，从中找出林萧犯错的缘由，并给他分析利害关系，帮助他改正。

一段时间过后，林萧不仅不再犯原来的错误，而且也变得越来越成熟和懂事，成了一个聪明、懂事的好孩子。

妈妈一定要注意对男孩的说教方式，要学会向前看，从男孩的现状出发，帮助男孩纠正现在的错误，正确引导他做得更好，这才是对男孩最好的帮助。

◎ 妈妈要多换位思考

在男孩犯错误的时候，妈妈要多换位思考，从男孩的角度考虑问题，不要一味地对男孩翻旧账。这样，不仅可以更好地了解男孩的内心，也可以促进母子间的交流。

吴锦华的妈妈在教育儿子前，都会从儿子的立场去考虑。她会先设想一下，如果自己这样对儿子进行教育，儿子是否能够明白自己的用心，或者是否会对儿子造成伤害。

正是因为妈妈这种换位思考的方式，使得吴锦华没有遭受过翻旧账之苦。与此同时，吴锦华也在妈妈的教育下懂得了应该如何纠正自己的错误。

所以，在对男孩进行教育的过程中，妈妈可以尝试通过换位思考的方式，去想一下男孩是否可以接受自己的这种教育方式，如果不能，就要换一种方式。

◎ 注意教育过程中的措辞

在对男孩进行教育的过程中，妈妈不要因为一时着急和愤怒，就对男孩进行辱骂，这是不正确的教育方式。

很多妈妈都忽视了这一点，在对男孩进行翻旧账的同时，由于情绪激动还对男孩进行侮辱和谩骂。这只会使男孩的内心受到伤害，不会有任何正面的影响和效果。

由于吴启发妈妈的脾气过于急躁，每一次遇到事情，妈妈就会不停地对吴启发进行谩骂和侮辱，让吴启发感觉很难堪。

有一次，家里来客人，吴启发自告奋勇帮妈妈买酱油，结果刚进家门，一不小心把酱油瓶摔碎了，酱油流得满地都是。

吴启发先是愣了一下，随即蹲下身来开始收拾。可是妈妈却不依不饶，当着客人的面对吴启发一通训斥。吴启发感到忍无可忍，当晚就离家出走了。

所以，妈妈在对男孩进行教育的过程中，应该注意对男孩的措辞，不能辱骂孩子或者说其他伤害男孩自尊心的话语。否则，不仅不会解决问题，反而会使男孩的内心更加痛苦，不愿意与妈妈接触。

威胁、吓唬，换不来真正听话的男孩

医学研究表明，恐惧对人体健康的危害极大。强烈的恐惧气氛和突发的恐惧事件，会使人的神经中枢受到强烈的劣性刺激。

处于生长发育阶段的男孩，各组织器官较为脆弱，功能亦不完善，即使是突受惊吓后没有出现危急症状，但因其抗御恐惧的能力较弱，时常可能有恐惧情绪滞留，使内分泌功能受损，导致发育减慢，出现语言障碍，听力、视力下降和消化不良等毛病。

现实生活中，造成男孩恐惧心理的原因多而复杂。大概有三种类型：一是妈妈平时有恐惧性语言和行为；二是意外事故造成的恐惧；三是由恐惧电影或电视造成的。

王导是家里的独生子，妈妈把他看得跟心肝宝贝一般，一颗心全扑在他身上了。王导小时候确实也很乖，让妈妈很放心。

可是10岁以后，王导渐渐变了。刚上六年级，就和班上一个女孩谈起了恋爱。老师把这件事告诉了王导妈妈，妈妈气得一天没吃饭，把他好好数落了一番。

“你是咱们家的希望，要注意自己的身份是学生，你现在最重要的任务是学习，而不是搞对象、谈朋友，说出去叫我还怎么做人？以后不要再这样做了。”

妈妈好话说了一箩筐，王导根本就没有听进去，妈妈只好威胁他：“你如果再见她，我就不准你回来，和你断绝母子关系！”

作为成年人，在外面都有这样的体会，当一个公司的主管或者一家商店的领班对某位雇员的工作不满意的时候，他不会盲目地冲过去大喊大叫，不分青红皂白地把雇员痛打一顿。相反，他会以一种不失身份的方式向雇员解释应该怎样做。在多数情况下，只要有这种解释就足够了。

妈妈对待男孩时也要一样，尽量不要威胁男孩。比如，“如果你不把自行车放到路边，我就把它拿走。”这样的话听起来好像合情合理。但是，从某种意义上讲，威胁就等于试探，而试探就意味着男孩可以不听妈妈的话。

如果男孩从经验中得知妈妈说话总是当真的，那么，当妈妈用坚决的口气告诉他必须走人行道的时候，他就会更加认真地对待。

反过来，如果妈妈觉得非得采取比较严厉的惩罚措施不可，比如必须把男孩心爱的自行车拿走几天，那么，妈妈最好还是提前给他一个警告。

对男孩进行威胁，这种作法是很愚蠢的。它很快就会毁掉妈妈在男孩心目中的权威形象。

管不了男孩并且经常惩罚男孩的妈妈需要寻求帮助，男孩不听话时到底该怎么办呢？下面几个技巧十分有效，建议妈妈不妨一试。

◎ 向男孩解释而不是威胁

当男孩问妈妈，他为什么必须按照妈妈的话做时，妈妈应该给男孩一个解释，而不能蛮横地强调："没有为什么，听我的就对了。"

王珉开始有自己的想法了，所以对于妈妈的很多话都不赞同。一次，王珉要出门，却不愿意按照妈妈的话装上外套。

妈妈解释道："下午会下雨，雨后气温下降，如果不带着一件外套，妈妈担心你会感冒。"

听了妈妈的解释，王珉把外套装进了背包。

妈妈可以先向男孩简短地解释为什么需要做这件事，如果男孩有不同的想法，可以听一听，然后指出其想法的错误之处。

◎ 用有趣的方式教育男孩

教育的方式方法应该多样化，在发现男孩犯错误时，不要每次都用一种面孔、一种说理的方式，男孩会感到厌倦。

妈妈完全可以变换一些花样，因事制宜，尝试用男孩能接受的各种方式。比如出现问题时可以先简单处理一下，然后有时间的时候再通过讲故事、做游戏、去动物园、参观博物馆、郊游等形式，结合看到听到的事物深入地阐明妈妈要告诉他的那个道理。

在冲突的当口，男孩往往不容易接受批评，但是在事后再进行这种耐心的教育，男孩就容易接受了。

◎ 用简单的语言给男孩讲道理

当男孩犯错误或行为无礼的时候，不要立即处罚他，应该以友好的口吻来教育他应该注意自己的行为和举止。

王涛喜欢乱扔玩具，妈妈屡次提醒他收拾，他都不听。这天，看到王涛又把玩具丢得满地都是，妈妈开口说道："你玩完的玩具不应该随处乱丢，下一次请把它放在它应该待的地方，你的玩具架子才是玩具的家。玩完的玩具应该让它回自己的家，就像你一样，如果你在外面玩完了，我把你丢在街上不让你回家，你觉得对不对？”

王涛听了，点点头，开始收拾玩具。

当妈妈给男孩讲道理时，要用简单易懂的语言，避免让讲道理变成说教，否则，不会起到积极的效果。

◎ 用友善的态度和男孩说话

如果妈妈在对男孩说话的时候使用正常的音调与和蔼的态度，男孩会更认真地听妈妈说。

如果在男孩一时无法接受妈妈的要求，甚至相互间发生争执时，妈妈一定要克制自己的情绪，可以选择稍后再谈论。

◎ 避免用武力威胁男孩

当出现问题的时候，不要说：“你要是再这样，你就该挨打了！”“还记不记得上次我为什么打你？”这种武力威胁实在是天大的错误，尤其更不应该提起以前给男孩造成的痛苦。武力威胁只能让男孩认为妈妈是一个专制粗暴的妈妈，越发拒绝合作。

所以，无论在什么情况下，用“你再也别管我叫妈妈”或者“你出去，就别回来”等话都是完全错误的。作为妈妈，应在生活中尽量摒弃这些威胁性的语言，让男孩茁壮成长。

唠叨、抱怨，很容易引发男孩的怨恨

唠叨是妈妈对男孩爱的一种体现，本也无可非议，但是对于心理尚不成熟的男孩来说，这种唠叨有时会成为一种精神的负累，影响他的人生发展。

在家庭教育中，妈妈不断地叮嘱、提醒、督促男孩，对男孩唠叨不休的现象屡见不鲜。有些妈妈把全部的心思和精力都放在男孩身上，担心男孩这不懂、那不会，同样的叮咛总是一遍一遍地不断重复，让男孩不胜其烦；有些妈妈，对男孩错误的行为反复不断地进行批评教育，导致男孩对自己失去信心，引起男孩的自卑心理。

一般来说，妈妈的唠叨都是一些机械的、重复的陈词滥调，反复多次地说类似的话，就像一只苍蝇整天盘旋在男孩的耳边，一直发出“嗡嗡”的声音，令男孩耳朵都“磨”出了老茧，身心都不胜其烦，这样，势必影响男孩学习和生活的状态。

另外，有些妈妈的唠叨直指男孩的缺陷和弱点，没完没了地对他们进行数落，甚至冷嘲热讽，即使妈妈是好心，也会让男孩觉得自尊心受到了伤害。

于是，妈妈的唠叨不休，往往会使男孩产生强烈的逆反心理，以沉默不语或针锋相对来对抗妈妈，导致亲子关系恶化。

赵文龙很少收拾自己的房间，即使妈妈再怎么唠叨，他也从来不会动手收拾一下，甚至故意把房间弄得很脏。

有一次，妈妈又唠叨他了："文龙，把你房间收拾一下吧，脏得跟猪窝一样。"赵文龙竟然反驳道："又没要你住，也没让你收拾。"

儿子的话让妈妈很难过。过了一会儿后，妈妈有些无奈地说道："那么，如果你有时间就收拾一下吧。"没想到，这次赵文龙居然点了点头。

心理学的研究表明，老调重弹，多次说相同或者类似的话，容易让男孩产生一种习惯性的模糊听觉，即男孩表面在听，但是常常不把妈妈的话放在心里，左耳进右耳出。这样，妈妈的唠叨不休除了恶化双方的关系、浪费口水外，还能有什么效果呢？

妈妈的确肩负着对男孩不当言行进行教育的责任，也应该多关心男孩的生活，但是这种没完没了的唠叨，并不是合适的教育方式，这是妈妈应该认识到的。

妈妈的唠叨，句句都充满了对男孩的关爱，但如何才能让男孩体会到这份爱，并朝着妈妈指引的方向发展，其中大有学问。

◎ 只做必要的叮嘱

作为妈妈，将男孩放任不管是不负责任的，但是管得过多又成了唠叨。因此，妈妈应该控制过度的关心，只对男孩做必要的叮嘱。

李云端是个正在读小学六年级的孩子，由于小升初考试临近，他不得不挑灯夜读到很晚。妈妈很感动，每天也默默地坐在自己房间，陪他到深夜。

等到八九点钟的时候，妈妈担心李云端饿了，便会给他做一些吃的，端到他桌边，然后轻轻叮嘱一声："别只顾着学习，吃点东西，休息一会儿。"然后，她又回到自己的房间。

"物以稀为贵"，叮嘱也是如此。因此，在家庭教育中，妈妈不应该叮嘱过多，例如叫男孩起床，叫一两次就行了，不要持续不断地叫；还有叮嘱男孩带饭、多穿衣服等，叮嘱一两次就可以了。如果男孩忘记了，就让他自己承担后果。

◎ 适当忽略男孩

妈妈之所以对男孩唠叨不休，与她恨不得长四双眼睛盯着男孩有很大的关系。一个人对自己过分关注的事情，怎么可能没有唠叨呢？因此，妈妈应该学会适当忽略男孩。

例如男孩回来了，打个招呼就可以了，不要特意跑出来，又为男孩递拖鞋，又为他拿书包。虽然妈妈做这些事情都不费什么气力，但是在这过程中，却容易生出许多唠叨。

◎ 培养自己的兴趣爱好

妈妈在生活中除了要担任妈妈的角色外，还应该有自己的生活，有自己的事情可以做。当妈妈忙于应付其他事情时，当然不会一味地对男孩唠叨个没完了。

李贺是独生子，妈妈是个全职主妇，主要任务就是照顾他。因此，刚开始时，妈妈对李贺的一举一动、一言一行都关注备至，继而唠叨不休，久而久之，李贺都不愿意理她了。

经过一番反思后，妈妈决定改变一下自己，报名参加了一个瑜伽练习班。这样，她的生活里便不再只有儿子了，因此也就不会没完没了地唠叨。李贺非常高兴，慢慢地又与妈妈亲近起来了。

妈妈，尤其是全职妈妈，应该适当地将视线从男孩身上转移开来，做些自己的事情，例如与朋友聚会、参加定期的兴趣培训班等，让自己的生活更充实。

◎ 多指导、少唠叨

妈妈的唠叨往往含着命令、责怪，因此常让男孩觉得厌烦，但是指导不同，它常常能引发男孩的思考，给男孩自由选择的权利，更能使男孩接受。因此，妈妈在教育男孩时，应该多指导、少唠叨。

当妈妈想要唠叨和命令男孩之前，可以先想想有没有更好的方式来表达自己的意思，并且让男孩接受。例如将“快点起床吃早餐”改为“现在起床，你还有吃早餐的时间。要不然，就没时间了”。

◎ 不要紧盯男孩的缺点

唠叨不休的妈妈，往往是发现了男孩的缺点，觉得有责任让男孩改正，于是便开始无休无止地唠叨。因此，想避免不必要的唠叨，妈妈就不要总盯着男孩的缺点不放。

妈妈在平时的生活中，不要总是用“你怎么这么不爱干净啊?”“你什么时候才能学会按时起床啊?”“你能不能努力一点啊?”这些话唠叨男孩。“鸡蛋里挑骨头”，对男孩来说是一种负担，且不会产生任何良好的效果。

聪明的妈妈，要学会激励和激发男孩积极向上的天性，以赞扬点击男孩的缺点。

可以提供物质奖励，但不要太过分

随着社会经济的增长，人们生活水平得到了大幅度提高，妈妈对男孩的教育，也开始热衷于物质奖励。

想要男孩提高成绩，列出奖励条件；想要男孩改掉缺点，也用奖励作为手段。经济刺激几乎无所不在，但这样真能起到激励男孩的作用吗？

当男孩取得较好的成绩时，妈妈给予适当的物质奖励，会让男孩很高兴，觉得自己的努力付出是值得的，也增强了自信心，获得了成就感，激励他再接再厉，把事情做得更好。

物质奖励是一把双刃剑，运用得当，能够提高男孩的积极性，起到一定的激励作用。但如果运用不当，就会把男孩引向歧途，使男孩不但失去做事情的目的，而且丢失自己的真正兴趣，还有些男孩因此受到金钱的诱惑，走上了邪路。

丁永是个随便的、大大咧咧的男孩，不知道收拾自己的房间，因而他的房间总是很乱，书桌上也乱七八糟的。他还有丢三落四的坏习惯，总是找不到东西，不是问妈妈“我的公交卡你看见没有”，就是打电话对爸爸说“我忘带钥匙了，你什么时候回家”等。

妈妈为孩子这些毛病很担忧，为了让他学会收拾自己的东西，不要丢三落四，妈妈制定了一个规定，如果一周内丁永自己打扫收拾好房间，就奖励他20元钱；一次忘记拿东西，就罚10元。一个月没有出现类似问题，就奖励100元。

丁永在物质的刺激下，开始把房间里脏乱的东西塞到床底下，骗取妈妈的奖励。直到大扫除时，妈妈才发现这个秘密。

男孩在物质的刺激下，可能无法调整好自己的心态。如果得到物质奖励的心情很迫切，确实可以促进男孩去努力，但这同时也会带来强大的心理压力，形成一种负面的心理干扰。

因此，妈妈对男孩的教育，首先要让男孩明白自己做任何一件事情的真正目的，讲清这样做有什么好处；其次要提高男孩做事情的内在兴趣，激发男孩的内驱力，让男孩自己能够主动朝着目标前进；再次，物质奖励能不用就不用，如果要用，也要采取以精神奖励为主，以物质奖励为辅，对男孩多鼓励、表扬，以增强男孩的动力。

这也并不是说，绝对不能用物质作为奖励手段。妈妈可以在男孩完成任务后，根据具体情况，满足他一些正当的物质需要，作为对他的奖励。

奖励什么，妈妈事先不要告诉他，不然可能影响他的思维，同时给他压力。在不告知的情况下，男孩才会轻松自在地学习，才能专心地投入。

物质刺激可以采取，但不能过度刺激。男孩自制力较差，容易被诱惑。因此，妈妈对男孩进行物质奖励，一定要慎之又慎。

◎ 让男孩明白做事的目的

男孩各方面是否优秀，与用不用物质奖励无关，而是同妈妈最初的教育方式紧密相连的。妈妈在开始的时候，就应该直接告诉男孩那是他自己的事情，自己必须独立完成；然后给男孩讲做这件事情的目的，自己因此会获得什么样的收益。

王雍是初二的学生，各方面表现都很好，多次受到老师的表扬。很多妈妈向王雍的妈妈请教经验，问她有什么好的方法，采不采用物质奖励。

原来，王雍的妈妈要王雍做事时，首先会让他明白自己做这件事的目的，有哪些好处，另外还会让他明白这是他自己的事情，没有人可以代他去完成。

其他家长听了，恍然大悟。

这样做，使男孩在心里有一个明确的定位，知道没有人可以替自己完成，也明白完成后对自己有什么好处，男孩就会在没有任何奖励的情况下，努力地去完成自己的事情。

◎ 转移和延伸男孩的兴趣

男孩做事情是否有积极性、动力是否充足，取决于男孩对所做的事情感兴趣的程度高低。

妈妈想帮赵盼提高学习成绩，她知道兴趣是最好的老师，经过观察，妈妈发现赵盼对一些生物很感兴趣，天天观察小虫子活动。

有一次，妈妈见儿子又在观察小昆虫，就与儿子一起看了起来。后来，妈妈引导儿子说："你喜欢这些小昆虫，以后当个生物学家，每天都可以观察和研究这些小动物呢。"

赵盼惊喜地问妈妈："真的吗？""当然是真的。但你必须现在好好学习，以后才能当生物学家。"从那此后，赵盼把对昆虫的兴趣延伸到学习上，成绩很快提高了许多。

若是所做的事会引起男孩的反感，男孩就不愿意去做，即便妈妈使用各种外在的手段，男孩也会心不在焉，因为男孩内心不喜欢。所以，妈妈要想让男孩把学习这件事情做好，可以利用兴趣转移和延伸的办法，培养男孩对学习的兴趣。

◎ 以精神奖励为主，以物质奖状为辅

物质奖励一般不用，但如果实在需要，也要以精神奖励为主，以物质奖励为辅。

孙强喜欢运动，经常与妈妈一起去郊外旅游。一次，他与妈妈一起爬山，爬到一大半时，渐渐体力不支，累得气喘吁吁，越来越慢，最后干脆坐在地上不走了。

妈妈在一旁鼓励他说："儿子你朝下看看，那几个比你大的孩子还没有你速度快呢。再使一把劲，就到山顶了，到时候妈妈奖励你一个新书包。"孙强听到妈妈的夸奖和给予的奖励，精神来了，站起身继续爬了起来。

尽量把物质奖励降低到最小的限度，只是象征性地表示一下就行。要尽量买与男孩学习相关的用品，以免男孩分散注意力，玩物丧志。

过于看重分数，认为分数胜过男孩的快乐

一到男孩中考、高考或者期中、期末考试，甚至平常的月考、单位测验时，妈妈总是比男孩更紧张。当男孩考试完拿回来成绩时，妈妈又要紧张一番。

如果男孩考得好，许多妈妈会因此大摆宴席，对他们赞不绝口；如果男孩考得不好，则会对男孩横加批评和指责。这种现象反映出妈妈都非常注重男孩的考试分数。但事实上考试分数真的那么值得关注吗？

其实考试分数只是从某个方面反映出男孩的学习情况，它并不能完全代表男孩的学习能力。考试受着许多因素的影响，男孩考试失利也并不代表男孩就不行。因此，妈妈过分注重考试成绩对正确指导男孩的学习是不利的。

丁丁的学习成绩一直很好。每次他拿回成绩单，妈妈总是喜笑颜开，放下一切事务为他庆祝。但是，丁丁却显得很平静，没有过多的欣喜。

有一次语文单元测验时，丁丁由于考前没有休息好，所以只得了89

分。丁丁觉得自己的语文学习一直不错，这次考试也只是一次意外罢了，因此，他并没有放在心上。

可是当妈妈翻到他的语文试卷时，却把他狠狠地批评了一顿。她生气地责问儿子："你怎么搞的？连90分都不到？"

丁丁是个很懂事的孩子，他耐心地跟妈妈做了解释，可妈妈依旧不依不饶。最后，竟然还激动地落了泪，说道："你连90分都考不到，让我有什么脸出去见人啊？"

听了这句话，丁丁再也忍受不了了，他生气地冲着妈妈喊道："你有完没完，不就是考试分数吗？即使考100分又怎么样，说明我就是天才，你就有面子了？"说完摔门而去。

一次考试成绩并不能说明什么，既不是衡量男孩学习情况的全部标准，也不是男孩以后是否成功的关键因素。因此，妈妈应该适当减少对男孩学习成绩的关注。

事实上，妈妈关心男孩的学习并没有错，但是应该明白一点，考试成绩并不是男孩学习状况的唯一标准。

一个真正会教育男孩的妈妈在意的应该是男孩是否学到了知识，而不是拿了多少分。即使男孩考了100分，也不能说明什么，他只是比同班的同学多掌握了一些知识而已。

考试充满了机遇和变数，受诸多因素的影响。因此，妈妈应该用更加理性的态度来看待男孩的考试成绩。

◎ 理性地看待男孩的分数

考试成绩只是从一个侧面反映男孩的学习情况，一两次考试的失误并不说明男孩学习不认真、不努力，更不能说明男孩智商有问题。妈妈应该以理性的态度看待男孩的分数，不要过于注重他们的考试成绩，否则，会给男孩造成很大的压力。

李思森是个初二年级的男孩，他的学习成绩在班里总是处于中等水平，偶尔也能考进前五名。对此，妈妈并不在意，也不会对他施加压力。

现在，思森学习很认真，而且还乐于思考，还是学校科技活动小组的组长。这一切都源于妈妈能够理性看待他的考试分数，给他理解和支持。

妈妈要以理性的态度看待男孩的分数，有些男孩一直学习成绩很好，偶尔一次失误了，妈妈不要过于责备他们，因为考试成绩不止受到男孩学习情况的影响，还可能受到男孩休息情况、考试时的精神状态等的影响。

◎ 抛弃虚荣、攀比的心态

妈妈过分注重男孩的分数，有一部分原因是他们认为男孩得了高分会让自己有面子。妈妈之间这种虚荣、攀比的心理正在慢慢影响着男孩的学习，也促使妈妈越来越注重男孩的分数。因此，为了男孩能真正学到知识，妈妈必须抛弃虚荣、攀比的不良心态。

王谦上五年级，学习成绩一直很好，父母也深以他为荣。因此，每当他考完试后，周围的邻居几乎都知道他得了多少分。

有一次，王谦考试失利了，仅得了第五名。妈妈觉得特别没面子，因此一直责备他。王谦生气地说道："原来你们关心的是分数，而不是我！"说完，再也不理妈妈。

妈妈一定要抛弃虚荣、攀比的心理，男孩考好了，不要拿出去炫耀；男孩考不好，也没有必要对男孩横加指责。如果妈妈之间过度注重对男孩分数的攀比，往往会忽略对男孩其他方面的关注，造成亲子之间的隔阂。

◎ 关心男孩的学习过程

妈妈关心男孩的分数没有错，因为男孩的学习是他们生活的重要内容，分数在一定程度上能反映男孩的学习情况。

但是男孩的学习的范围不仅仅是分数，妈妈要关心的也不应该只是男孩的分数，还应该包括男孩在学校和课堂上的表现等。

妈妈应该关心男孩的学习，但是不应该只盯着男孩的考试成绩，考试成绩只能从一个方面反映男孩的学习情况，如果只从这个方面来考虑得出的结论，难免脱离实际。

因此，妈妈应该多与老师沟通，了解男孩在校的学习情况。

◎ 注重提高男孩的综合素质

随着新生入学，越来越多的男孩由于综合素质差，而导致无法适应学校的生活，最终退学。这种现象的发生，代表着学习成绩已经不再是论"英雄"的唯一指标了。

妈妈应该注重培养和提高男孩的综合素质，鼓励他们在抓紧学习知识的同时，要注重培养男孩的自理能力，并尽可能地让男孩发展一些特长，例如练琴、学书法等，以提高他们的综合素质。

对男孩期望过高，只会打击他的积极性

妈妈们对男孩的前程充满了无限美好的期望，他们望子成龙，希望自己的男孩出人头地，不顾男孩的禀赋，以自己认定的模式塑造男孩，只许成功，不许失败，给男孩带来极大的压力。

男孩是妈妈的希望，是家庭的未来，每一位妈妈都希望自己的男孩有出息，希望自己的男孩健康成长，成为有用的人，这本身无可非议。

期望是一种有信心的等待，妈妈对男孩寄予期望，是一种信任，有利于男孩增强自信心、进取心，是进步的动力。

由于男孩爱妈妈，愿意以实际行动取悦妈妈，让妈妈满意，这就促使男孩自觉地、经常地拿自己的实际表现同妈妈的期望找差距，并努力达到平衡。

妈妈对男孩抱有期望，就不会放纵男孩或袖手旁观，就会努力为男孩创造条件，及时督促、具体帮助、加强指导，不断激发男孩的上进心。

妈妈的期望是一种积极的态度，对男孩来说是一种促使男孩努力向上的精神环境，是潜在的动力。而对男孩不抱有任何期望，是一种不负责任的态度，客观上对男孩起着压抑的作用，这是不可取的。

但是，期望过高，脱离男孩的实际，不仅不会起到积极作用，反而会起消极作用。

王伦涛的妈妈没有上过大学，她希望王伦涛可以成为有知识的人。这样的想法很好，可是她对王伦涛的要求很高，管得很严 。虽然王伦涛的成绩也一直不错，但妈妈还是经常督促他好好学习，不断给他提出更高要求。

“你一定不能给我丢脸啊”“你必须在班级里名列前茅”，每天在王伦涛耳边重复的就是这样的话。有时候，王伦涛的名次下降了，妈妈就会冷嘲热讽，训斥他说：“如果不按照我的目标努力，就上不了大学。”

王伦涛的心里产生了阴影，对学习逐渐失去了信心。

许多妈妈对男孩期望过高，希望在男孩的身上实现自己当年的理想与宏愿，然而，当过高的期望与男孩的实际状况产生矛盾时，男孩往往会产生逆反心理。

作为妈妈，希望男孩学习好、考高分，这一愿望固然很好，但结果却不一定能如愿以偿，正确的做法应是正视现实，客观地看待男孩的能力。如果期望过高，往往会造成男孩的逆反心理。

望子成龙的心情是可以理解的，但是，动机和具体的教养措施是两回事。妈妈要做的，首先是把自己虚幻的、不切实际的期望降低，让男孩切切实实从零学起，功课一门一门地啃。

有点特长发展一下当然好，没有，也不必大失所望，别人家的孩子也大都是这样，这是不能仅靠指标、下决心就能完成的。

太高的期望值是跟自己过不去。期望过高，男孩经过努力满足不了妈妈的期望,会丧失上进心,产生自卑感,心理上会有一种失败者的压抑感,对男孩身心发展是很不利的。因此,妈妈对男孩的期望,一定要适当。

妈妈应该善待男孩,不要给男孩提出过高的要求,不要施加过大的压力。尤其要善待那些为了获得妈妈的爱而不断努力,却又不能一下子甚至始终不能达到妈妈要求的男孩。

妈妈应该理解男孩已经承担了巨大的社会压力和心理压力,从精神上给男孩爱和支持,还男孩一个平凡人过平凡人生活的权利。

◎ 以平常心对待男孩

不管男孩优秀与否,妈妈都要以平常心对待男孩。只有将男孩看成普通人,才会真正地感受到男孩的优点,发现男孩的与众不同之处。

每个男孩都有自己的优缺点,妈妈不要揪着男孩的缺点不放,也不要认定自己的男孩不如别人,以平常心对待男孩。

妈妈应该抱着平和的心态,适当降低对男孩的期望,减少男孩心理上的压力,根据实际情况制定符合男孩的期望值。

◎ 对男孩的要求要适当

妈妈要把握好期望标准,一旦背离了男孩的实际,让男孩觉得可望而不可即时,就会对男孩的身心造成严重的伤害。

妈妈考虑男孩的实际情况,不以主观愿望要求男孩,同时,设身处地地站在男孩的角度来考虑男孩的内心感受,让男孩自己定下切合实际的期望,这样才能保证男孩激发自己的潜能,保障亲子沟通的顺畅。

妈妈适当的要求,会让男孩感受到妈妈的关心,从而努力学习,而过高的要求,则会让男孩内心产生挫败感,进步也就无从谈起。

人无完人,妈妈要学会接受男孩的现状,对男孩的要求和期望适可而止,千万不要要求男孩要做到完美和优秀。

◎ 帮男孩向更高的目标努力

妈妈的期望可以成为男孩前进的目标，但重要的是妈妈不要只为男孩提出合适的要求，然后就袖手旁观，妈妈应该帮男孩向更高的目标努力。

李然读小学时，成绩和能力都很突出，在征得李然的同意下，妈妈让他跳了一级上了中学。

因为自学的知识毕竟不扎实，刚进入初中，李然就觉得很吃力。这时候，妈妈没有批评他，也没有对他提出更高的要求，而是尽快地帮助他适应初中的生活。

妈妈帮助李然复习每天学过的知识，引导他预习和复习，并且每天都夸他取得了哪些进步。李然在妈妈的帮助下，对学习充满了信心，成绩有了很大起色。

聪明的妈妈既要给男孩提出适合的期望，还要参与男孩的成长，帮助男孩克服各种困难，让男孩轻松实现目标，走向成功。

包庇男孩的错误，只会让他变得越来越差

男孩犯了错，包庇与袒护便是纵容与认可，会使男孩误以为自己的行为没有错，从而在错误的路上越行越远。

妈妈包庇、袒护男孩，是天性使然，但是从男孩的长远发展来看，妈妈的包庇和袒护却只能带给男孩一时的安宁，难保男孩长期的安全，甚至可能严重影响男孩正确人生观和价值观的形成。

而且妈妈对男孩的包庇和袒护，很可能让他以为妈妈认可和赞赏自己的错误行为，从而更加肆无忌惮地“一错再错”。

刘明从小就很调皮，因为他个子高，块头大，所以常常欺负邻居家的小朋友。对于儿子的行为，妈妈不以为耻，反以为荣。

因此，当其他妈妈带着“负伤”的男孩前来兴师问罪时，刘明的妈妈都只是敷衍了事地说：“男孩之间玩闹，难免的，我们家刘明也不是故意的。这样吧，医药费多少钱？我们来掏。”

于是，等那男孩和他的妈妈走了之后，刘明便会不屑一顾地吐吐舌

头，根本没有意识到自己犯了错。

而且，妈妈还会摸着他的头表扬他："我儿子太棒了，以后不会有人敢欺负你了。"听完妈妈的话，刘明更是得意洋洋。

于是，刘明犯的事儿一天比一天大，直到有一天，学校打来电话："请问是刘明的家长吗？刘明打伤人了，请来学校一趟。"

虽然妈妈不应该总是严厉批评男孩无意犯下的一些错误，但是包庇和袒护却是另一个极端。宽容男孩并不等于包庇男孩，而原谅男孩的过错，也不代表袒护男孩。

当男孩做错事情时，妈妈至少应该让他们知道，这个行为是错的，下次不能再做。妈妈一味地袒护会误导男孩，让他们以为自己没有做错，这才是真正危害男孩的做法。

因此，当男孩做错了事情时，妈妈一定要采取正确的方法来对待，不宜严厉苛责，但也不能一味地包庇、袒护，而应该让男孩从内心意识到自己的行为是错误的，并且能够有意识地督促自己不再犯相同的错误。

包庇、偏袒男孩的错误，会使男孩走向通往地狱的道路，而及时指正男孩的错误，可以帮助男孩重回天堂。

◎ 及时发现男孩的错误

男孩刚刚犯错误的时候，他们内心的悔意比较重，此时妈妈若能及时发现他们的错误，并且有针对性地进行教育，往往能给男孩留下深刻的印象，因此教育效果也最好。

在与小朋友玩闹时，王斯与人发生争执，一失手将另一个男孩推倒在地。自知有错的他，心虚地跑回家里，也没跟厨房里忙活的妈妈打招呼，便蹑手蹑脚地准备溜回自己的房间。

妈妈听到了他的脚步声，发现他的脸色不太对劲，于是停下手里的活